高管战略赢销

十步打造销售模式

石真语◎著

北京联合出版公司
Beijing United Publishing Co.,Ltd.

图书在版编目（CIP）数据

高管战略赢销：十步打造销售模式 / 石真语著 . —
北京：北京联合出版公司，2021.3
ISBN 978-7-5596-4742-9

Ⅰ . ①高… Ⅱ . ①石… Ⅲ . ①营销模式—通俗读物
Ⅳ . ① F713.50-49

中国版本图书馆 CIP 数据核字（2020）第 232944 号

高管战略赢销：十步打造销售模式

作　　者：石真语
出 品 人：赵红仕
选题策划：北京时代光华图书有限公司
责任编辑：徐　鹏
封面设计：新艺书文化
版式设计：冉　冉

北京联合出版公司出版
（北京市西城区德外大街 83 号楼 9 层　 100088）
北京时代光华图书有限公司发行
北京晨旭印刷厂印刷　　新华书店经销
字数 114 千字　　 787 毫米 ×1092 毫米　　 1/16　　 11.5 印张
2021 年 3 月第 1 版　　 2021 年 3 月第 1 次印刷
ISBN 978-7-5596-4742-9
定价：58.00 元

Contents | 目录

2 第二章
销售决策运营力 —— 决胜老板销售力

第三章
销售战略共识力 —— 决胜高管销售力

3

4

5

销售的最高境界是"玩"

我是做管理咨询出身的，在珠三角地区工作时，见过很多老板。有的老板学历很低，但是事业做得很大，有很多人说那是因为他撞了大运。我一开始也是很认同这种说法的。（我后来明白了，如果一个人干得比较好，别人说他不好，你对此说法快速有了共鸣，那是因为这种说法安慰了你那颗不平衡的心。）但是后来我把自己的想法推翻了，因为我发现他每次都能撞大运。如果一个人每次都能撞上大运，那就不是撞大运了，他肯定发现了某些商业的真相！

发现销售"真相"，赢过 90% 竞争对手

其实，普通人大都活在表象的世界里。高手都能直击真相，把握核心。在这个社会上的人，不管做什么行业，从事什么岗位，只有 10% 的人能够发现真相，把握和驾驭真相；90% 的人都是普通人，只

看到了表象。

比如你是某家公司的高管或者某家公司的负责人，已经算得上是成功人士了，但还是有人的事业干得比你大，有人的财富比你多，有人比你更快乐。为什么？因为他们比你发现了更多真相。也就是说，有的人拥有的财富比你多，是因为他发现了财富的真相；这家公司营销比那家公司做得好，是因为这家公司的负责人发现了营销的真相。

要想做企业，关键不是眼前你想跳多高，而是你究竟想走多远。

我之前认识一位老板，他赚了很多钱，得到了一大片土地的使用权，盖了很多栋楼，买了很多辆豪车，在当地也很有影响力。他觉得他能成功，是因为发现了事业和财富的真相。但是2014年，他的企业倒闭了，妻离子散。那他当年干得那么好的真相到底是什么？是因为跟当地一些官员走得很近。后来国家反腐力度加大，惩治了那些官员，他就借不上力了。

另一位老板，做企业之初，员工只有四五个人。他当时跟我大谈特谈未来要发展到多么大规模，公司前景有多么好，我内心只有一个声音：能行吗？我后来再去拜访他，发现他成功了。他靠的是自身的能力，他发现了市场的真相，不走歪门邪道。

人和人之间真正的差别其实是思考结构的差别。对一件事情怎么想往往比做这件事情本身更重要，知道为什么做往往比知道怎么做更重要。比如你为什么要去某个会场听课进修，比你去听课本身重要多了；员工为什么去你们公司工作，比去你们公司工作本身重要多了。

因为动机决定结果。

为什么员工流失率那么高？因为公司招聘时没问他们来公司到底要做什么，只让他们试试，最后他们发现试得不行就走了。

同样是去听课进修，有的人学习欲望特别强，想着这两天我一定要把销售模式学好；而有的人坐在那里，面无表情地盯着老师，内心大概在想：看这个老师能讲点什么干货出来，讲得不好，我就走，我还有别的事情呢。

有的老板在公司内部开会，自己讲完一大段话，让高管发言。一个高管发言之后，老板觉得他让自己下不来台，没有照顾自己的感受。一次两次这样，老板忍了，时间长了，他就会把高管辞退，理由是高管没有团队意识，没有工作伦理。

这种情况的表象是什么？表象是这个高管不合群。真相是什么？真相是在公司内部开会不照顾老板感受的员工，一般都没有私心。有私心的员工会把老板的感受放在第一位，老板想听什么他就说什么，老板不想听的他就不说，他会照顾老板的感受，但公司的问题依然存在。

有很多老板喜欢用忠诚的员工。表象是员工忠诚，真相是员工能力不够。一家公司如果特别依赖忠诚的员工，恰恰说明公司管理水平极差，因为用忠诚的员工省心。这些人是好人，但做事可能真不行。一家公司最可怕的处境大概是，有一大帮好人，但没干出什么好事。

如果老板是高手，他不需要员工照顾他的感受，员工跟不跟他打招呼都是次要的，把工作做好才是关键的。一般把自己的感受放在第一位的都是"小"老板。

还有的公司把下面这种人提拔成干部：早上来得比谁都早，晚上走得比谁都晚，特别敬业，特别勤奋，每天都加班。一个人天天加班不一定是好事，表象是他特别敬业，真相可能是他能力不足。假如他真的能力不足，本来就已经忙得不可开交了，还提拔他，给他更重要的事做，那不得把他逼疯吗？

还有的员工，本职工作不到两个小时就做完了，之后实在没事干，怎么办？上会儿网、打会儿游戏，结果被管理者发现了。管理者斥责他不务正业。这种情况的表象是员工不务正业，真相是员工工作内容不够，或者员工能力很强。

会"玩"的老板，业绩都不差

"君子爱财，取之有道"，这句话的关键是哪个字？有的人说，是"取"。但往往这样想的人，恰恰取得不多。我认为，是"道"，天下不管什么事都是有道的。为商有为商的道，从政有从政的道，夫妻相处有夫妻相处的道，教育孩子有教育孩子的道。有道的人，他做哪件事情都不觉得累。很多时候，挣钱的老板都不辛苦，辛苦的老板往往都挣不了多少钱。如果老板特别辛苦，还不挣钱，那就说明他的道不太对。

一般有道的人都会抓住两个字：本质。

那有道的本质是什么？我自己琢磨的，就是看他是不是到了"玩"的境界。

　　"玩"这个字读的时候，就让人心里很快乐，充满了喜悦感。不管干什么，看某个人是不是个入道的人，就看他是不是到了玩的境界。

　　比如开会。在公司内部，如果你是管理者，给员工开会的时候，跟大家一起把一件事玩好，团队凝聚力就强；给团队讲大道理的管理者，水平一般都低。你一讲道理，团队成员心想：又来了，还是那一套。公司其实是组织一帮人一起玩一件事，把它玩好一点，然后贡献大的人多得到点回报，贡献小的人少得到点回报。

　　比如开车。有的人开两三个小时就嫌累；有的人开车开得好，不管开多远都不觉得累，别人嫌累他还不理解：开车怎么能累呢？不就是玩吗？这就是因为他上道了。

　　比如夫妻之道。夫妻俩结婚已经15年了，还有一颗玩的心，说明这两个人感情非常不错。如果他们现在谁见谁都不说话了，那就快"解体"了。

　　比如教育孩子之道。家长能跟孩子一起玩的都是高手，而给孩子讲大道理的水平一般都低。

　　我儿子上幼儿园阶段，早晨穿衣服慢了，洗漱慢了，穿鞋慢了，他妈妈就开始教育他，每天都是那一大堆道理："你就不能快点儿，你说我几点就叫你了，你看看现在几点。天天这样。做事情要有计划，要讲究效率，要不然长大就完了。要有统筹……"把儿子都说蒙了。

有一天我实在看不过去，就跟她说让我来教育儿子。她用非常不信任的眼神看着我，不相信我能让孩子动作快点。早晨我把儿子拍醒，跟他说："儿子，看看现在几点了，咱们一家三口比赛。"孩子一听说有比赛眼睛就亮晶晶的："爸爸，比什么？"我说："咱们比赛15分钟之内看谁穿衣服穿得最快，洗漱最快，穿鞋最快，谁要得了冠军，可以打第二名和第三名三下手心以示惩罚。"儿子很感兴趣，同意了。于是，我说："来，预备……"我儿子叫："爸爸，我来。"

儿子喊："预备——开始！"我跟老婆四目相对，特别默契，穿得特别快，但是故意穿错。我们一穿错他就特别开心，并加快了自己的穿衣服速度，洗漱快，穿鞋也快，最后他得了冠军，打了我们俩一人三下手心，高高兴兴去幼儿园了。

第二天早晨我们俩还没醒，儿子就把我们俩拍醒："爸爸妈妈，比赛啊。"

孩子在玩闹中，无形就加快了速度。

讲台上的老师从专业角度来讲，基本上有两种类型：一种是讲道的，一种是讲科学的。有的老师说："你要讲课的话，原则上一定要讲那些无法验证的内容，那样显得你水平高。千万不要讲能验证的内容。"我不敢说他说得不对，但我一直遵循一个原则：道和科学都需要讲。

有一位老板曾经问我："财聚人散对吗？"我说："太对了，财给大家分了，就能聚人心，财如果都聚在自己身上，人就散了。"然后他说："为什么我财都散了，人还不聚？"我就问他是怎么散的财。他说自己听了股权激励课，老师讲的核心内容是：一位老板要想省心，就得让员工给自己干，让员工变成公司的主人。员工变成主人之后，老板就不用管了，所以就省心了。那怎么能让员工变成公司的主人呢？就是要进行股权激励。于是，这位老板就把股权分了，员工是很高兴，但是他发现自己做不了公司的主了，这是怎么回事？

老板这么想、这么做，说明他其实内心是有道的，但是他的股权分得不科学。

有的人不会因为得到的多，就感恩平台。因为人性有一个特点是，欲望无止境。一个人得到的多，会让他希望得到更多。企业需要激发员工的欲望，但也要控制他们的欲望。激发和控制的节奏要跟公司发展的节奏保持一致。

世界上最远的距离就是从"脑袋"到"脚"

有个笑话说，有个人为了强身健体，开始吃牛肉，但牛肉要消化吸收，才能让自己浑身变得更有力量，没想到的是，他吃完牛肉不消化，自己变成牛了。

如果一个人学习之后，发现听谁的都很有道理，那就说明他想要什么自己根本就不知道、不明确。你要明确自己到底想要什么，别人的经验对你来说好用的拿来用，不好用的就当没听见。如果你一天能找到一句对自己有用的经验，然后进行消化吸收，再依据自己的企业情况进行改变，企业就能发生变化。

这个世界上最远的距离就是从"脑袋"到"脚"。我其实很害怕听到学员反馈这样的声音：听得感触特别深，收获特别大，触动特别大。这种学员一般听完就过去了，没有实际行动，也不会进行转化。学的东西要经过消化才能用。如何把学习的东西变成公司的能力？转化非常重要。学习力不是竞争力，转化力才是竞争力。

第一章

销售模式的四大关键点

本章重点 ——————————————————————————

　　销售模式是指让业绩得以最高效实现并可持续的企业能力系统，总共有四个关键词：业绩，高效，持续，能力。

　　不管公司是什么模式，如果最后业绩上没有结果，那都是空中楼阁。企业所有的部门和所有的岗位都是为业绩服务的，包括前台、保安。打造全员销售意识和提高全员销售素养是企业未来发展的必经之路。

　　企业管理效率与关系有关，人和人的关系靠文化解决，事和事的关系靠流程解决，人和事的关系靠机制解决。企业的管理效率靠的是人岗匹配度。所以老板的最高境界不是玩科学，而是玩艺术，是掌握阶段和节奏的艺术。

　　企业有五大模式，从低往高说，第一个是销售模式，第二个是管理模式，第三个是商业模式，第四个是资本模式，第五个是老板的心智模式。

　　哪些人应该有什么样的能力才能让业绩最高效并可持续发展？有四个方面：第一个是老板销售力，第二个是高管销售力，第三个是班底销售力，第四个是团队销售力。

你可能会发现，当你在一家公司的管理角色变得越来越重要的时候，公司对你怎么干要求越来越低，对你怎么想要求越来越高。对于一个高管团队成员来说，你的思考模式变得非常重要。这是因为人认识世界都是从定义开始的。

比如，为什么有的人没什么钱但活得比你快乐？为什么有的人有了那么多钱还不快乐？因为你们对快乐的定义不一样。

我看过营销领域大多数书籍，发现经管方面的理论基本都是外国人写的，比如提到管理就是彼得·德鲁克，提到战略就是迈克尔·波特、杰克·韦尔奇，提到营销就是菲利普·科特勒、米尔顿·科特勒，很少看到中国作者的经典管理著作。当然近年来，中国也出现了很多经管方面的著作，但是总体来说，还是没有西方多。难道我们中国人的智慧不够吗？难道我们要用西方人的智慧来决定中国企业的未来吗？

不是说国外的理论不好，国外的理论也可以用，但是必须结合中国本土的实际情况。中国的国土面积和欧洲的面积大致相当，但中国省与省之间的消费差异比欧洲国与国之间的消费差异还大。中国人的事只能靠中国人自己解决。

我翻看了很多文章，查询了很多数据，思考什么叫销售模式，销售模式的定义到底是什么。很多人讲到模式的时候，用的案例不是小米就是西南航空公司，不是沃尔玛就是家乐福。但是，这些大型企业跟你的公司有什么关系呢？

之前江湖上流传最多的话，就是"只要赶上风口浪尖，猪也会飞"。但是有人说，他做了这么多年，也没见过猪飞。我个人认为，猪一旦飞上去，如果发现自己没长翅膀再掉下来，会摔得更惨。

这说明了什么？老板在关键时刻，一定要理性地面对一些事情。我的主张是：思路不叫模式，点子不叫模式，只有把思路转变成公司的能力才叫模式。当老板的其实不缺想法，只是有很多想法都没办法变成现实。而且老板的想法总在变，有的老板上周的想法和这周就不一样，造成公司朝令夕改。尤其是学习的时候，老板听一次课就会换一种想法。

[真言真语]
思路不叫模式，点子不叫模式，只有把思路转变成公司的能力才叫模式。

那到底什么叫销售模式呢？销售模式是指让业绩得以最高效实现并可持续的企业能力系统。这个定义有四个关键词：第一个，业绩；第二个，高效；第三个，持续；第四个，能力。

第一节
业绩：公司没有业绩就是空中楼阁

打造全员销售意识和提高全员销售素养

说来说去，不管公司采用什么模式，如果发现业绩没什么变化，那就都是空中楼阁。我认为，一家公司所有部门和所有岗位都是为业绩服务的，非营销部门的员工也很重要。

比如保安。客户来公司拉货，公司服务很不错，付钱、拉货的流程也都很顺利，结果装完货往外拉的时候，被门口的保安扣住了。保安沟通水平很低，弄得客户不高兴，这肯定会影响公司形象。这不就代表着保安没有业绩意识，没有服务意识，没有客户意识吗？

比如前台。有业绩意识的前台跟客户电话沟通，知道自己讲话时要调整状态，至少让客户在没来过公司的前提下，感觉公司很有品位、形象很"高大上"。没有业绩意识的前台跟客户沟通之后，有需求的客户也变成没有需求了。

比如财务。财务和销售一样都很重要，但是大家在一家公司里做事情，需要一起把事情做好。有的销售人员看着也确实让人生气，出差回来之后在公司走路都横着——你们有今天不都是多亏了我？没有我你们吃什么喝什么？你们风吹不着雨淋不着的，如果不是我在外面风吹日晒，天天遭受各种白眼，签下合同，公司能挣到钱吗？

我跟某家公司的财务总监沟通，财务总监说："其实现在我看销售这帮人根本就不行，我们出台了制度，有些单子我都跟他们讲很多遍了，他们还是不知道怎么填。"然后他拿出来一本特别厚的公司财务管理制度。我问他公司一共多少人，他说不到一百人。我说不到一百人的公司，财务管理制度需要弄得这么复杂吗？他说："有制度管理起来，公司财务工作方便多了。原来都是我找他们，现在是他们找我。"

我用一天时间对这家公司的各个部门进行了调研访谈，最后跟老板说，他们做的事没什么错，但是效率低，为什么效率低？核心原因是财务部门为了自己部门方便，以其他各个部门不方便为代价。

有的企业现在最大的问题是前后线脱节。打造全员销售意识和提高全员销售素养是核心。过去，这件事还没有上升到这么重要的位置，现在我觉得企业应该把这件事上升到重要层面，企业内的每一个员工都需要有销售的意识和素养。除了前文讲到的前台、保安和财务人员，生产线上的工人也一样需要有销售意识与素养。

我们曾经给内蒙古一家生产方便羊肉的企业做咨询。他们的产品配送到商场里的超市，于是我们到商场去调研。商场的采购人员问我们是哪家企业的，得到答案之后，采购人员立马说他对这家企业印象深刻。我问为什么？他说他们在商超里边码堆头，把包装打开的时候，包装箱里边有双拖鞋，还是穿过的旧鞋子。这是家做食品的企业，出了这样的事情，在商场采购员那里还能有好形象吗？这也一下子就让人看清楚了这家企业生产线上的弱点。

| 企业问题中的关键因素：人 |

老板要能经常跳出自己看自己，跳出企业看企业，才能看得更清晰一些。

简单来说，企业的问题无外乎三种：一是人的问题，二是事的问题，三是钱的问题。对现在的中国企业来说，解决人的问题比解决事和钱的问题更重要。

也就是说，先找到责任人，然后确定他要负什么责任。比如销售业绩不好的话，那就是跟销售有关系的人的问题。

现在的情况是，朝阳产业里有干得一塌糊涂的企业，夕阳产业里也有干得热火朝天的企业。很多人希望做别人没做过的事，去别人没去过的市场，卖别人没卖过的产品，这是过去几十年中国企业留下来的思考惯性。但是现在别人没做过的事变得越来越少了，甚至如果真有这样的事，你还得小心地做，因为领先半步是胜利，领先一步可能是"死亡"。你想变成"先驱"，却有可能成了"先烈"！

有位家庭装修公司的老板来听我的课。下课之后，我问他最近怎么样。他说大环境不太好。我也特别直接，说："你怎么不说国际形势风云变幻，对你影响很大呢？"他来劲了，说大环境对他们确实影响很大。"过去几年，买房子的人多，需要装修的人多，所以公司干得好；现在买房子的人少了，装修的人就少了。这难道不是大环境影响的吗？"我说："你怎么不想想，原来发展好的那个时候你不用练能力，也不用练内功，买房装修的人太多了，大家都有活儿干，都活得不错。现在没那么多买房子的人了，可不就看谁有能力了吗？现在虽然买房子的人少了，但是也有买房子的，他们也装修，只是他们没有找你，你说为什么？因为你能力不够啊。"

就像学习成绩越好的学生越希望考试题难一样，只有题难才能显出他们的能力。有一位老板跟我开玩笑说，他天天盼着金融危机。如果没有金融危机，哪能显出他们公司的实力？金融危机把别的公司都干掉了，他的公司自然就能活得更好。这虽然是玩笑话，不过也真的说明这位老板有能力、有底气。

还有一位老板说，他太喜欢国家的新常态了。过去很多企业都是靠各种关系、资源、背景来做事，做得很好，有很多客户找他们。他自己原来没关系、没资源、没背景，一直是靠市场能力做到今天的。现在大家都凭自身真本事，他发现自己不用改变太多，业绩提高 30% ～ 40% 没有任何问题。因为那些靠资源、关系、背景的公司现在不好做了，客户都来找他了。现在他凭真本事，就发现自己其实是很厉害的。

[真言真语]
只要自己足够强大，看什么都公平！

所以，只要自己足够强大，看什么都公平！如果你觉得现在环境不公平、不合理，那只代表了一件事，你自己能力不够。

我曾经去过一家公司的经销商会，一般公司开经销商会都要提出销售目标额、返点等方案。这家公司刚公布完整体业绩方案，就有五个经销商站起来说不公平、不合理。后来我上台跟他们说：公司出台这个方案就是为了限制你们的，所以你们会觉得不公平。

公司内部也一样。比如公司出台了一个制度：从下个月 1 号开始，迟到 1 分钟罚 50 元钱。有几个人表示反对，说制度不公平、不合理。这很可能说明这几个人经常迟到，这个制度对他们不利，他们是公司里的"弱者"。强者只关心一件事，只要大家统一就行。

人生不就是这样的吗？你跟谁一般见识，你跟他就是一个层次和境界的了，你如果境界比他高，根本不会跟他一般见识。

有的时候我们去公司给高管做访谈，我问："给公司干了这么多年，跟老板混了这么多年了，你觉得老板怎么样？"结果下面的对话经常发生。

"石老师，能允许我说实话吗？"

"当然。"

"我都把他看透了。"

"怎么了？"

"太笨。"

"为什么用这个词？"

"也不是别的，有些连我们都明白的事，他就是看不出来，你说该怎么办？老板没魄力，格局太小，有的时候明明知道是个机会，他就是抓不住。"

"怎么回事？"

"他有今天那就是运气好，赶上了。其实根本就不行，现在公司也就这样，再继续发展就难了。"

......

我们围绕这个话题聊了一会儿，我又接着问："现在你那个部门里的人怎么样？"

"别提他们。"

"怎么了？"

"我都看透了。太笨。"

"怎么个笨法？"

"有些事我都说过八百遍了，同样的错误他们还犯，能把人气死！朽木不可雕也。"

这个时候我基本上都会微笑着说："我听明白了，公司有今天，老板也不行，下面的员工也不行，就你好，多亏你，没有你公司早没了。"

如果一个人总是说别人不好，实际上不就折射出他自己也不行吗？如果他觉得自己的公司不好，就折射出一件事：他只配待在这个不好的公司。

有的员工更甚，一提到公司，就骂得一无是处，觉得这公司要完了，但是每天早上他还雄赳赳气昂昂地去上班。

人最大的悲哀是什么？是在哪儿说哪儿不好，还没本事离开。混得好的人都有一个特点，事业不错，家庭也不错，老婆满意，孩子满意，家里人都相处得很好。水平低的人，在事业上没多成功，家里也整天鸡飞狗跳的。

> [真言真语]
> 人最大的悲哀是什么？在哪儿说哪儿不好，还没本事离开。

| 高手解决问题的两种思维方式 |

一家公司销售业绩不好，或者说没有想象的那么好，会是什么原因？又是谁的责任？

要解决这方面问题，得先找到原因，没有原因就是瞎忙活。而且原因一定得找到最核心的那个，不然就是按下葫芦浮起瓢了。

如果安排你管理一家新公司的话，你会怎么做？

水平低的人，把大家召集在一起开会说，现在我来了，从今天开始事情必须这么办。结果他做了三个月领导，公司一帮人把他"弹劾"了。

水平高的人，到了一家新公司，他不会轻易出手，而是先服务好大家，再跟各式各样、扮演各种角色的人进行沟通。主要沟通什么呢？沟通到现在为止，公司里经常重复发生、至今未解决的问题有哪些。

如果一家公司里有重复发生的问题，一直没得到解决，员工就会对公司信心不足。导致事情只要一发生，他们就会习惯性地推诿，觉得事情反正也解决不了。

沟通完，高手做的第一件事，就是对问题进行重要性排序。第二件事是什么？公司所有错综复杂的问题，不管有多少个，他都会找到最深层、最根本的问题，进行解决。所有错综复杂的问题都会有一个解决思路，这个思路是：我只要找到最关键、最核心的问题，把这个问题解决，其他问题就可以迎刃而解。如果关键问题一时解决不了，至少要结合现在最重要的问题来

[真言真语]

高手解决问题的两种思维：第一，找经常发生的问题；第二，抓关键问题。

进行处理。

水平低的人是出现一个问题解决一个问题，最后发现问题还是会不断出现。很多管理者都在扮演救火队员的角色，从早上到公司开始，每天忙得脚打后脑勺。

一般学东西的过程是把简单的事学复杂，也要有本事把复杂的事学简单。没复杂过，就没有简单。让简单的问题不简单的人，叫高手。高手出手都显得挺简单，因为他已经把复杂的事都分析完了。经过复杂的分析的简单才叫不简单。如果没经过复杂的分析，一直简单，那叫傻。

[真言真语]
管理者必须把所有的事情往复杂了想，往简单上做。

管理者要具备什么特点？管理者必须把所有的事情往复杂了想，往简单上做。如果管理者想不了那么多事，那他胜任不了管理者的角色。公司里已经发生了很严重的事情了，他自己还不知道，这样的人还能当管理者吗？

第二节
效率：提高管理效率，需打通内部"关系"

企业管理效率与关系有关。

一家公司效率高不高，和什么有关？和关系捋得顺不顺有关。关系顺，效率就高；关系不顺，效率就不高。有大智慧的人都是处理各种复杂关系的高手，他们能够把那些看似矛盾的关系处理得完美统一！

两个员工打得不可开交了，水平高的人一出现马上就能处理好。水平低的人去处理，结果最后矛盾变成他的了，两个员工之间没事了。

人和人的关系靠企业文化解决。如果公司里人和人之间不团结，人和人之间关系复杂，那就说明这家公司的企业文化不行，导向不行，价值观不统一。老板不见得要告诉员工做什么是对的，但最好能告诉员工在公司什么事是不能做的。

事和事的关系要靠流程解决。比如流程设计、流程优化，等等。

人和事的关系要靠机制解决。我们在后文会详细解释。

第三节
持续：把握组建销售团队的阶段和节奏

人岗匹配度

企业管理效率最终论的是什么？论的是人岗匹配度。高手的公司都是用三流的人做二流的事，赚的却是一流的钱。更厉害的高手的公司是用别人的钱实现自己的梦，用别人的水浇自己的家园。

人岗一定要匹配：不能小马拉大车；也不能本来是拖拉机，结果装了飞机引擎，这属于资源浪费。企业最好是用三个人干五个人的活儿，付四个人的钱，这是非常和谐的。

中国的很多公司不是人太少，而是人太多。老板在用人的过程当中一定要把握三个阶段。

第一个阶段是一个萝卜好几个坑。这是说一个人要做很多事，成本低。刚开始创业的时候，公司规模还很小，没有那么规范，不可能面面俱到，所以会一个人当好几个人用。这时候的关系相对比较简单，人只有没事做的时候才会没事找事，都忙得不可开交了，哪有时间想关系。

但总这样做的话公司就发展不起来了，因为分工不明确让公司很难扩大规模，所以第二个阶段是一个萝卜一个坑，实际上就是分工要明确。

第三个阶段是一个坑好几个萝卜。公司小的时候，财务部就一个人，分工不明确，这个人又是会计又是出纳，不符合会计规定。后来公司发展，至少有一个会计、一个出纳，两人分工明确。再过一段时间，公司更加壮大了，会有一个财务总监之类的岗位，只管决策，账目是由其他员工整理好的。大型企业财务部有几十个人，工作分得更加明确：有做成本的，有做管理的，有做审计的，有做税务的。

｜ 老板要掌握阶段和节奏的艺术 ｜

怎么看老板的水平高低呢？就是看老板怎么安排人岗匹配，也就是说在什么阶段安排多少人，这考验老板的管理水平，哪本书都教不了。老板要掌握阶段和节奏的艺术，这样公司才能好。

技术出身的老板和销售出身的老板，在公司发展的过程中，至少有三个到四个瓶颈期容易过不去。

销售出身的老板讨厌规范，他需要快速执行。因为做了这么多年销售，他觉得赢得市场是一切的核心。有这样老板的公司，会没那么规范。比如，称呼不规范，在公司里，甚至不用喊他王总，叫他王哥就行了。公司的人不是听制度的，而是听人的。这样的公司挣点钱是很容易的，但是想再往上发展就不太容易，因为公司往上发展、壮大，需要规范，需要系统，这些都在挑战老板的惯性。

技术出身的人往往是完美主义者，合作能力也有待提高。技术水平越高深的人越"自恋"，觉得自己的东西最好。即使都卖不出去了，他也会觉得是别人不识货。技术出身的老板很容易把技术的价值当成全公司的最大价值。

我的观点是完美主义者不适合当领导，模糊主义者更适合当领导。模糊主义者做事情的思考方式是这样的：研究得差不多就行

了，先看着做一下。完美主义者非得全都研究好了再开始做。于是大家天天研究，越研究问题越多，把胆儿都研究没了。或者等全都研究好了，市场已经饱和，最好的时机过去了。

不过模糊主义者就一定是对的吗？也不是。我觉得可以借鉴一下他们的思考方式。他们的思考逻辑是：不管当下研究得多好，开始做事之后总会出现意想不到的问题，可以做一个阶段回来再研究，这样针对性就不一样了。即他们是发现问题—研究调整—做市场—再研究调整，最终把事情做成了。但是如果模糊着做了之后再也不研究了，那还不如多研究研究再做。

总之，有智慧的人是让静态的东西动起来，在动态的时候进行调整，好比飞机在空中加油。

| 企业发展的最大瓶颈：老板的心智模式 |

当下人们对模式的探讨比较活跃，万众创业，大众创新，未来走进资本市场是大概率事件，但如果企业经营者脚下无根，销售模式不清楚，管理模式不清楚，基础功夫都不具备的话，即便企业现在腾飞，也只是暂时的。有很多老板，自己的企业一旦跟资本挂钩，大脑就被冲击了，自己的思考惯性被冲击，再也没有一颗踏踏实实做事的心了。

企业不管走出多远，最终都要回归基础，要不然没有腾飞的条件。

在我看来，企业有五大模式——销售模式、管理模式、商业模式、资本模式和老板的心智模式。销售模式决定业绩，管理模式决定业绩效率，商业模式决定业绩利润，资本模式决定业绩规模，老板的心智模式决定业绩是否上道。

企业在发展过程中，最大的瓶颈是什么？实际上是老板的心智模式。

我去公司里做咨询，跟老板单独面谈的时候，会问他们两个问题。

第一个问题，为什么做这家公司？很多老板一开始会大脑空白，

［真言真语］
企业在发展过程中最大的瓶颈实际上是老板的心智模式。

因为他们内心有个声音，觉得我是管理专家，怎么会问这种问题？这是常识。后来我反复问，有些老板被逼得实在没办法，说了俩字：挣钱。我又问能挣多少钱？他们回答了四个字：越多越好。

也就是说，他们的公司能做到哪个地步，他们自己也不知道，做着看就是了。挣钱就接着做，不挣钱就到时候再说。这么想无可厚非，但是有点偏，如果连自己都不知道做到哪儿，怎么能要求员工对他们忠诚呢？

如果老板不知道要把公司做到什么地步，公司是很难吸引到高级人才的。没有一个真正的人才不关心自己在公司的未来，所以老板要经常给员工讲公司未来打算怎么发展，三年怎么规划，五年怎么规划，未来怎么规划，终极规划是什么，一定要做成什么样的事业。

有的老板说自己没想过这些，就是闷头做，更没想过要经常给员工讲这些。为什么要经常讲？如果每次老板给员工讲的内容都是一样的，员工慢慢就会相信老板的话，相信公司有更光明的未来。不过员工信不信不是核心，最大的问题是老板自己是否相信。老板最大的挑战是在员工面前规划公司的未来。因为他自己也不知道未来什么样，那怎么让员工相信公司未来有多阳光、多灿烂、多美好、多精彩、多快乐、多幸福呢？老板要讲到自己虽然没去过，但是让员工觉得老板已经去过八百遍了的程度，才值得员工追随。

什么是老板？老板不就是看见了别人没有看见的未来，相信了别人不相信的未来的人吗？这是老板心智背后的东西，是企业发展的天花板。

销售模式是业绩基础，总得把东西卖好了，企业才能发展。如果东西卖得不好，企业却融资了、上市了，那不还是泡沫吗？即使做了报表欺骗大众，欺骗投资者，早晚也会跌下来的。

很多人都有一个毛病，心里的真实想法在嘴上不见得会说出来，别人不知道他真实想法。一团和气的高管团队一般都没有战斗力。因为表面和气的背后，每个人都有自己的一套。团队老大说完之后他们表示同意，但私下他们还按自己的方式做。

这种问题不解决不行，上梁不正下梁歪，下梁不正掉下来。公司高管团队不行，公司是发展不起来的。再往深处说，老板的左膀右臂不够强大的话，他就没有当老板的感觉。副总不会当副总，总经理也就没有当总经理的感觉。

第二个问题，你还喜欢这个行业吗，是否厌倦了？

一个老板长时间做一个行业，如果开始感到厌倦了的话，基本上他就不在道上了。在任何领域取得成就的人，都是在那个行业和领域可以获得快乐的人。

有的老板在一个行业待的时间越长，他就越觉得自己没有别人做得好。有的老板自己做够了一个行业，觉得别人的行业很好，他也去掺一脚，结果做了一两年之后，发现哪里的水都挺深的，干什么都不简单。导致本来在原有行业赚了点钱，去别的行业把钱都折腾没了，最后发现自己还是只适合做原来的行业。

第四节
能力：企业四类销售力决定企业竞争力

　　具体来说，销售业绩跟哪些人有关系？跟那些人的什么特质有关系？不同的人应该相应地负什么责任？

　　前文说了，销售模式是一种能力系统，那哪些人应该有什么样的能力才能让业绩最高效并可持续地实现？根据多年的咨询和研究经验，我们发现，在销售方面，企业需要四个方面的人和能力。

｜ 老板销售力 ｜

　　老板销售的并不是企业的产品，而是愿景，是战略，是梦想，是未来。所以老板销售三种产品：首先，向竞争对手销售的是豪情、是霸气，对竞争对手最大的打击是根本不把他当成对手；其次，向员工销售

[真言真语]
老板销售的并不是企业的产品，而是愿景，是战略，是梦想，是未来。

的是未来；最后，向客户销售的是品质，是品位，是品牌！一家公司产品质量如何，看的是老板本身的道德水准、综合素质和他的品行、格局。

老板销售力其实是一种销售决策运营力。

一个人有没有责任心，有没有能力尽到责任，关键还是要看他有没有这方面的能力。没能力就是空有一腔热血，只有无能的管理者才只会表决心。

比如老板问销售总监这个月能完成多少业绩？销售总监说："200万元，如果完不成，你杀了我。"结果老板被激励了：看来你是真有信心。

这实际上就是不理性。

那什么样的人厉害？比如销售总监说："这个月我们能完成200万元的销售业绩，这200万元怎么完成呢？我分析了一下，按照正常的概率来说是……，因为现在公司客户储备有……，已经进行到这个阶段的有……，现在老客户一般情况下每个月要求转介绍的话，所以大概会有……；另外，这一个月中还有促销政策，基本上会比过往再增加10%左右业绩。如果这些预期都达不成，我还有一个备选方案……"

这种人才可信。

有的销售总监说，老板天天问我能不能完成，完不成怎么办？这是根本不相信我，人和人合作的关键不是信任吗？是信任，但是老板并不会凭空就相信一个人，这个人最起码得做过让老板相信的事才行。

| 高管销售力 |

高管销售力指销售战略共识力。

老板是企业的头部，高管是企业的颈椎部分。人体哪个部位相对比较脆弱？颈椎。颈椎不好的话，大脑就会供血不足。大脑供血不足，人就容易晕，晕就容易看不清方向。虽然颈椎脆弱，但是它非常重要，它要上下疏导，承上启下。所以，一家公司的高管一旦产生了动荡，这家公司的前景往往不会太乐观。

| 班底销售力 |

班底是指销售班底。在公司里做事得有班子，要搭班子。定战略、带队伍是老板的事情，方向清楚了，接下来就要看做事的班子如何。那销售班底是指什么？是指销售战线的高管。

班底销售力其实是指销售管控训练力。比如老板想知道下个月能完成多少业绩目标，结果销售高管说"不可控"，这就是没有管控造成的。

尤其在生产型企业，生产副总跟销售副总经常"打"得不可开交。生产副总经常问销售副总，下个月能卖多少，得提前告诉他，他好安排生产。销售副总说不知道能卖多少，现在这市场变化这么大。生产副总说，产品生产有周期，要是卖多了，他可生产不出来。结果第二个月订单特别多，产品生产不出来，销售副总和生产副总又开始吵架了。

| 团队销售力 |

团队就是指基层做销售的这帮人了。团队销售力其实是指销售战术执行力。

一家公司销售决策、销售运营水平不够，销售目标共识不够，销售管控训练不够，那下面的团队怎么具体做销售呢？

分辨人水平高低关键看他看事情的远近，他能预知多远，就代表他水平有多高。不要跟基层员工讲太多的大道理，基层员工只关心这个月能挣多少钱；中层不关心眼前挣多少钱，关心的是半年后能发多少奖金；高管不关心半年发多少奖金，关心的是到年底能分多少红；股东不关心年底分多少红，关心的是投资回报周期有多长。

很多人去学习就是希望踩着老师的肩膀，站得高一点，看得远一点。不吃那一堑，还希望长一智，因为有些堑吃不起，吃完之后可能永世都不得翻身了。

现在观念变了，原来都说一年之计在于春，现在已经是一年之计在于冬。冬天的时候就把明年的事都想好了。如果 4 月份才做年终总结，一个季度都过去了，今年还有什么指望？同理，一天之计在于昨天晚上，不是今晨。今天有没有效率，取决于昨晚是否想好，今天现想就来不及了。

第二章

2

销售决策运营力

决胜老板销售力

本章重点 ————————————————————

老板销售力的重点是销售决策运营力。企业就是要把梦想变成现实，好的管理者的思考方式是：我这辈子的梦想已经定了，什么都可调，什么都可变，但是梦想不能变。

企业最大的成本是老板没有梦想。如何把梦想变成现实，是有迹可循的。企业管理者实现梦想的第一步是要学会分析产业趋势，第二步是要找专家，第三步是要找行家。

老板需要做好三件事：第一，做个天大的梦（做梦）；第二，找能干的人跟自己干（找人）；第三，真心实意地对能干的人好（分钱）。

企业要想做大做成，首先要心怀天下，其次，老板要心灵富贵。老板的梦想在企业中起着重要作用，因为这是企业当中的明灯、灯塔，是企业未来发展的方向。

第一节
精准识别有能力者

| 顶层设计能力 |

组织的核心能力有两项：一项叫顶层设计能力，一项叫战术执行能力。

具体来说，销售方面，销售能力就是销售顶层设计能力和销售战术执行能力。研发方面，研发能力就是研发顶层设计能力和研发战术执行能力。生产方面，生产能力就是生产顶层设计能力和生产战术执行能力。

一家公司不管是做什么的，公司的老板肯定都是设计了很长时间，然后才开始做的。

就像盖房子要有图纸、做菜有菜谱一样，做事业之前也要设计规划事业的路线图。

顶层设计就是在最高层次上寻求问题的解决之道。比如党的"四个全面"——全面建成小康社会、全面深化改革、全面依法治国、全

面从严治党 —— 就属于顶层设计。"一带一路"也是一种顶层设计，我们不是只考虑自己国家，而是要带动 60 多个国家一起发展。我们不是独奏，是合唱。

｜ 有能力 = 想明白 + 干到位 ｜

我们说一个人有能力、能力强，他到底是有什么表现呢？我有一个公式：

有能力 = 想明白 + 干到位。

一个人工作的能力取决于他能不能想明白，能不能干到位。如果既想不明白，又干不到位，那不就是没能力吗？既能想明白，又能干到位，那肯定是有能力的。如果你是想不明白但能干到位的人，那可以找一个能想明白的人合作，你负责干到位就行。

如果你想不明白，合作能力又差，那怎么干也干不到位。很多人"宁做鸡头，不做凤尾"，有当领导的欲望，不想跟别人配合，自己能力又差，对团队来说，这种人有什么留下的价值？无论从团队精神、团队意识角度，还是从管理效率、业绩效率、管理模式角度，都需要先加强合作意识。

为什么有的公司执行力差？因为老板只负责想，下属只负责干。当老板的千万要记得，原则上，事情是谁干的，就让谁多想，你只负责锦上添花或者雪中送炭就行，别从头到尾都自己想。你要是从头到尾都自己想了，然后让下属去执行，越到后面会觉得理解自己的人越少，下属执行力太差。其实问题是出在你身上。

如果老板是全公司最能干的人、最能想的人，我可以直接断定，老板就是公司最大的障碍，为什么？

第一，老板特别能想，下属就会都不想。不是下属不想，而是老板压根没让他们想！还有一种可能是，老板曾经让他们想了，他们想完了之后发现确实没老板能想，最后大家得出了一个结论——别想了，因为怎么想都跟老板想的不一样，也没老板想的好。

第二，老板特别能干，下属就都不会干。如果老板本身特别能干，下属一旦要做什么事，做事之前就会先问老板他们这么做对不对。因为他们知道，如果不问老板，会做得不如老板的意。这就导致一丁点的事都得问老板，谁也做不了主。这样执行效率肯定会下降。

很多人当了老板之后，都是只负责想，不会亲自干了，这样的话，公司会出现两种局面：

第一种，老板把事情从头到尾想清楚了，让下属干，结果两边都痛苦。下属的痛苦是发现怎么干老板都不满意，老板的痛苦是下属怎么干都和他想的不一样。

第二种，谁干事儿就让谁先去想。想到多少都好，比如想到60分，至少他及格了。老板即使想到100分了，也别说自己的想法。如果下属还没把60分的想法说出来，老板就把100分的想法讲出来了，那下属还会说自己60分的想法吗？因为他怎么想都在老板的框架里。所以，老板先等等，让下属先去想，看他能想到什么程度。

如果下属想到了70分，老板可以加5分，不要一下子就给出100分的想法，因为他暂时还达不到那个程度。等他想到75分了，再给加5分，让他一点点进步。如果他连60分都想不到，那说明他不适合那个岗位了。记住，一个人在执行自己的想法时，效率最高，执行别人的想法时，效率会低。因为两个人的想法是不可能完全一样的。

有的老板说，他给下属安排一份工作，觉得自己说得已经非常明白了，下属也说自己听明白了，但是一执行就不对。下属以为老板就是那个意思，但老板其实根本不是那个意思。这就是缺乏信息核对机制导致的。

有的公司里，大家一起想，能想的人要锦上添花，大家能一起合作。而什么样的公司合作会出问题？大家一起做事情，谁都把自己的能力价值放大，那就不好合作了。比如能想明白的人，他干不到位，但是他要突出自己，于是他把想明白的价值放大了，觉得是因为自己想得好，其他人才能干好。其他人心里能没有点什么想法吗？而执行的人会觉得谁都会想，想是件很简单的事情，不如做更难。到底干起来容不容易，到底是谁作用大？彼此都在争抢功劳，事情还能做好吗？这还是一个团队吗？

什么样的团队才能做好？如果我能干，但是可能我想不到位，那我就欣赏能想明白的人；如果我能想明白，但是可能我干不到位，那我就去欣赏干到位的人。这样的团队才和谐，不和谐的团队根本就产生不了合力。

第二节
企业最大的成本是老板不做梦

企业其实是把梦想变成现实的过程。企业之所以能够把梦想变成现实，这需要"资源"。

高手就是在合适的时间把合适的人放在合适的位置上，分配给他们合适的资源，让他们创造合适的价值。

| 老板的两种"做梦方式" |

在梦想和资源面前有两种老板。

第一种老板的思考方式是：我有多少资源决定了我有多大的梦想。有这种想法的老板占绝大多数。

第二种老板的思考方式是：我这辈子的梦想已经定了，什么都可调，什么都可变，但是梦想不能变。我带领这一大帮人做这么家企业，这辈子就是要做好这件事。这说明他已经把方向定了，接下来就是缺什么资源找什么资源，不适合的资源就淘汰。而且必须找到资源，把梦想实现，不管是找人、找事，还是找物，梦想是核心。总之，一定要忠实于自己的梦想。

第二种老板做的企业一般发展得比第一种老板做的企业快，为什么？

首先，有什么资源决定有多大梦想的老板，总会发现资源不够用。其实，创业不可能把资源都整合齐了才开始，资源永远都是整合不齐的。情况随时在变化，市场也随时在变化。老板和普通员工的一大区别就是，老板是在一切还都不太确定的情况下就开始创业了，普通员工是在一切都准备得差不多的情况下才去想做不做事。这是两种思维方式，不是谁都适合创业，也不是谁都适合当老板。

老板需要修炼的就是对不确定性的判断，然后据此进行决策，而所有的决策结果都是未知的。老板之所以是高手，是他把未知讲给员工的时候，让员工感觉那都是他已知的。

有的公司内部有一个现象，只要说老板有问题，大家就会特别有共鸣。甚至，老板也经常自我反省，一旦出了什么问题，老板就说：这事不怪大家，我觉得有些事还是我的责任。大家都还是不错的，有些事我觉得我没想好，都是我的责任。

老板自己是经常反省总结了，但是公司员工就此形成了一种思维惯性，一旦出事，大家就认为是老板的问题。

我原来也这样做，后来发现不行，因为时间长了，这会让员工反省不多。所以后来我在公司开会就说："从今年开始，本老大没问题，我办了公司搭了平台，我的责任就完成了，是你们干好，然后再谈好咱们怎么分红利。如果你觉得触及了你的价值底线，咱可以聊。是你干你想，但你得向我汇报，我不会想，我也不会干，但我知道你想得好不好，干得对不对。"

愿意接着干的员工就会自己承担责任了。让他们自己先承担了他们该承担的责任，我自己去承担剩下的责任。

在公司所有人面前，老板永远是好人。老板和高管开会，说话绝对不能客气，但是在员工面前他永远得是好人。一家公司好不好，也要看对干部的严格程度。

在家庭里也是，姊妹五六个人，父母没法都管，就只能严管老大。让老大去照顾弟弟妹妹。

| 员工在企业的两大痛苦 |

企业最大的成本是老板不做梦，或者叫老板没有梦想。

企业可以把老板的梦想变成现实，也可以把董事会的梦想变成现实，还可以把决策团队的梦想变成现实，把企业当成一个人看就行了。可怕的是老板没梦想，那怎么变成现实？老板没梦想，大家就没方向感，内心就没有希望，这是最大问题。员工在企业中有两大痛苦：一是工作没有方向感，二是人生没有希望。

什么样的企业厉害？能够点燃员工对所在企业未来的希望的企业厉害。一个人能看见未来的希望，他就不会特别关注眼前赚到的钱的多与少。你点燃不了员工对未来的希望，给员工多少钱他都会觉得少。人只有在希望面前才会淡化眼前的利益。

[**真言真语**]

员工在企业有两大痛苦：一是工作没有方向感，二是人生没有希望。

第三节
"做梦"的步骤

———————————————————————————

梦想为什么会经常变？因为做梦的时间太短。有的老板昨天晚上做了一个梦，今天就开始做事业，三天过后发现做错了，第四天又改。梦想总变是不行的。孙正义投资阿里巴巴的时候，问马云凭什么要让他投资。马云说自己只能告诉他一个理由：今天我是这个梦想，十年以后我还是这个梦想，我这辈子只有这个梦想，我这辈子就是要把这个梦想变成现实。孙正义后来同意投资了。马云评价孙正义，说他是高手，孙正义评价马云，说他也是高手。两人可谓英雄惜英雄。

如果你是做投融资行业的，你会发现，投资一家公司往往不见得投资的是项目本身，而是投资给个人。项目不错，人要是不对，这个项目也不行。当然，人都对的情况之下，项目不对，效率也会下降。人对了，再把事研究好，那就不同了。

企业如何把梦想变成现实，是有迹可循的。一般都是企业的经营者、做决策的领导者，或者企业的经营者团队、做决策的领导者团队的梦想，那做这个梦的步骤是什么？

分析行业趋势

不管做什么，了解一个行业未来发展的趋势和规律是必须的。高手做事情一般都是乘势而为，而不是逆势而上。你要深入了解未来十年中国的经济走向，但不要一拥而上。

比如，你想做某个生意，问了十个人的意见，十个人都说可以做，那你得冷静一下。但是你想做某个生意，问了十个人，十个人都不建议，那也不能做，即使能做成，成本也很大。那有人说了，都建议做也不行，都不建议做也不行，什么情况下才能做呢？

比如，你跟十个人说了你的想法，有两三个人同意做，有六七个人不同意做，这生意一般是值得干的。前文说过，超前半步是"先驱"，超前一步是"先烈"，不是没有道理的。

产业一般都会波浪式前进，螺旋式上升，呈一个循环（见图2-1），这也是唯物辩证法发展观的一个概念。任何行业都会有这样一个极重要的发展过程。你要进入某个行业，最好什么时候进入呢？在该行业整体往上走的时候进入。如果你进入的时候整个行业发展是往下走的，你发展的机会就很少了，不是没有，也能发展，但是你得挺住，要挺到什么时候呢？等到整个行业跌到底部再往上发展的时候，你可以赶那一波发展。

原来的行业周期很长，现在由于社会发展加速，经济发展步调加快，每一个循环都在缩短时间。所以行业发展得特别好的阶段是很短

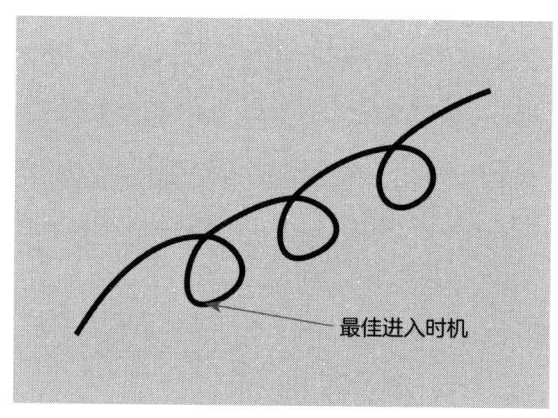

最佳进入时机

图 2-1　波浪式前进，螺旋式上升

的，但是特别坏的阶段也不长，如果你顶得住，就会赶上下一波的上升阶段。

尤其现在互联网如此发达，行业发展的周期性变得更加不可预测。可能两年前你觉得特别好的一件事，投入大量的人力物力，好不容易研发出来，结果发现已经过时了。

所以现在就得琢磨，先分析行业趋势，了解行业未来的发展形势，才能进行下一步的行动。

我曾经给一位化肥生产商做咨询。我当时让他一定要研究化肥行业的世界趋势，而不是只关注国内，更不是只关注国内的农村市场。要有国际视野，看看哪个国家的化肥行业发展比较好，看看国际舞台上哪个市场比较不错。

有的时候别的国家的夕阳产业，国内可能还没有兴起。比如快捷酒店这个行业在西方国家很早就有了，但是在我们国家就出现得比较晚。所以，如果想当老板，见识是非常重要的，没事的时候要多出去走走。

老板什么都可以缺，见识不能缺，要分析行业趋势，要了解行业方向，最好能够选一个螺旋式上升发展的行业。虽然有曲折，但它始终是往上走的。

[真言真语]
老板什么都可以缺，见识不能缺，要分析行业趋势，要了解行业方向，最好能够选一个螺旋式上升发展的行业。

| 找专家 |

行业趋势分析完了之后，接下来就要找专家。自己研究得不管多好，还是要咨询专门研究该领域的人。比如，有很多大学教授，一直在研究国际趋势、技术发展，等等。你可以找这些人做顾问，来指导企业的发展。

只要你尊重专家的学术思想，他就愿意说自己的看法。但是你也千万记得，哪个专家跟你说的观点都别全信。你可以多听几个专家的意见，综合考虑。因为一个人的思维毕竟是有局限性的。

比如你找了八个专家，问他们同样的问题，他们八个人说的有些观点是重合的，重合的那部分就是正确的方向，或者是很关键的观点。

| 找行家 |

专家是纯粹研究事情的，行家是做事情的。前文说过，有能力 = 想明白 + 干到位。专家就是负责"想明白"的人，行家就是负责"干到位"的人。你想不明白，可以借助专家的大脑，然后寻找那些能干到位的行家。老板一定不要跟专家沟通完毕，就自己开始着手干。因为实验室研究出来的东西和实际市场上要卖的产品之间还有一段距离。

我们投资过一家做外墙保温材料的公司。老板是做技术出身的，他在专业方面非常自信。我们都被他说服了，开始投产，结果发现在实验室各项指标都合格的产品，在规模化生产的时候，指标变得不稳定了。

找行家，先看国内这个领域谁是干得最好的。找到国内领域做得最好的，你才知道你和他还有多大差距。找完国内的，还要放眼国际。

前文的化肥案例中，放眼望去，国内很多企业已经不是那位老板企业的对手了，接下来我建议他去以色列待几个月，因为当时在化肥这个领域最厉害的是以色列的企业。他在那里待了四五个月，观察这个国家的化肥企业到底是怎么做的，有什么样的技术，全部弄清楚之后，他回来照葫芦画瓢开始自己做。

当时以色列化肥的一个特色是，化肥外面穿了一层"衣服"，理念是化肥会呼吸：太阳一落山，化肥的"衣服"就慢慢脱了，养分出来；太阳升起来之后，温度上来了，化肥重新把"衣服"穿上。作物一般都是晚上生长，它最需要肥料的时候，化肥会自动释放养分。白天化肥把"衣服"穿上。这样也不浪费。

这位老板把这种技术引进来，并且进行了创新，现在他的企业已经变成化肥这个行业的领头羊了。

第四节
老板要做的三件事

| 做个天大的梦 |

分析完行业趋势，知道了未来发展方向，老板内心是不是就有了希望？同时又找了专家和行家，他血液里会充满了力量。这个过程需要的时间不短，他做梦也做得够久了。接下来跟员工讲的时候，员工就能感受到老板要来真的了。

什么样的老板能成功？一开始讲他要做的事就收不住，讲起来之后他根本不管听者的感受，把自己讲得浑身都起鸡皮疙瘩，整个人都陷入一种"魔怔"的状态。比如吃饭的时候，只要提起这个话题，他就滔滔不绝，最后一顿饭吃了两三个小时，但是饭其实没吃几口，而且他也不让周围的人吃。

一个老板只有到了这种状态，满脑子都是同一件事，他的梦才有实现的可能。

人能不能成事，有个非常重要的前提，叫人事合一。当一个人和一件事是一体的时候，他离成功就不远了，不管他的公司现在规模多小都没关系。当一个人满脑子都是那个梦的时候，他一定会想办法完成那个梦。

这样的人有几个特点：

第一，当一个人 24 小时满脑子都是一件事的时候，按照正常人的眼光看，他甚至有点神经兮兮的了。大成者其实大都经历过神经兮兮的阶段。

有的人连学都没上过，为什么能把事业干得那么大？因为他们发现了一个真相，他们自己对公司最大的贡献就是做梦，然后由其他人把他们的梦变成现实。

这样的人往往胆子大。胆大的直接表现形式就是愿意做梦，而且是做青天白日梦。他们觉得自己这辈子比文化、比知识比不过别人，于是只能比财富了。

他们天天沉浸在梦里，看人的神情都不太对。别人会说他们有毛病。但是没关系，他们自己信自己。

第二，当一个人满脑子都想着要把梦完成的时候，他就不想跟身边人说太多自己内心的想法，因为他觉得这是个实现梦想的好机会，千万不能让别人知道。但是他又没方法，他只会做梦。

他天天想着这件事怎么干才能成，结果怎么都想不出来，甚至半梦半醒的时候，忽然觉得某一招不错，就会马上拿笔记录下来。到后面，会越想越清楚，越记越明白。

| 找能干的人和自己一起干 |

忽然有一天，他梦醒了，开始怀疑自己要做的这件事情能否实现。"靠我自己肯定不行，只能找全天下最能干的人跟我一起干才有可能行。"那谁是最能干的人？放眼全国，他终于找到了一个人。见了面之后他就给那人讲梦，今天讲一个半小时，第二天同一个时间又来讲一遍，连续讲七天，把那个最能干的人说服了。

他找的人学历非常高，书读得多，胆子小，但是储存的知识多，会分析。这个人心里会想：看来他的梦是真的，因为他每次说的都一样，每次都说得那么有激情，如果不是真的，他说不出来。"我跟过那么多老板，就没见过像你有这么大梦想的老板，我这辈子最大的本事就是能够把别人的梦想变成现实。"

两人一拍即合。

| 真心实意对他好 |

与人才一拍即合之后，老板会想：人才为什么愿意跟他一起混？得怎样做才能把人留住？只有一种办法，要真心实意地对人才好。

怎样做才是对人才好？在他没来工作之前，先把他老婆的工作安排好，把他孩子的上学问题解决了。现在买不起房子，至少给他租一个比较好的房子，用点好的家具，不能让他有后顾之忧，毕竟事情是他在做。

人才上班之后，老板把车钥匙拿出来，说："公司这么多年一直没发展成特别大的公司，就这么一台好车，从今天开始这车就给你开了。毕竟是你在做事。"

进了办公室之后，老板就把自己东西都收拾好打包拿走，跟他说："因为咱公司没多大，我这办公室大一点，你就坐这间办公室，因为毕竟事情是你做的。"

人才握着老板的手说："我见过那么多老板，除了没见过像你这样有这么大梦想的，我还没有见过格局、品行像你这么好的。你放心，我无论如何也要把你的梦想变成现实。"

如果一个老板天天忙的是这三件事（见图 2-2）：做个天大的梦（做梦），找能干的人跟自己干（找人），真心实意地对人才好（分钱），公司的发展速度肯定就不一样。

当你的梦坚定了，很多事情自然就不同了。你的梦坚定了，内心

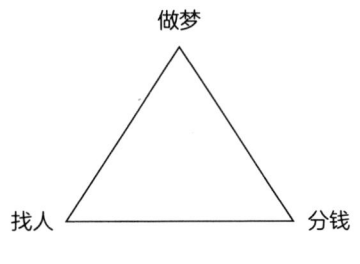

图 2-2　老板必做三件事

深处就会产生一种快乐，因为你会发现你是为希望而活着的，这是非常重要的事情。

另外，如果企业当中出现了以下两种情况，老板就要注意了。

第一种，老板的梦做得很好，也经过调研，发现这件事情是能做的，是有前途的，但是身边没有人能做这件事。为什么没人？因为老板没有做好人才储备工作。顶级的人才，比如高级的销售人员往往是招不来的，需要自己公司长时间储备。现用现找，很多时候是不现实的。去挖别人的墙脚也不太道德。虽然很多老板会有行业里的人才名单，但是也要等到人才离开所在企业，又能相信自己的企业才行。

第二种，老板梦做好了，也把人才找到了，幸福感就能上来。但是如果梦也是老板做的，事也是老板干的，钱也是老板自己的，就像舞台是自己搭的，灯是自己装上去的，话筒是自己安好的，还自己试音，然后在舞台上演讲，讲完之后出台一个制度，评价自己到底讲得好不好，这太可怕了！

这说明很多老板根本不是老板，而是超级员工。他错位了，导致底下人也开始错位，老板干了高层该干的事，高层干了中层该干的事，中层干了基层该干的事，基层最幸福，因为没事干，基层还讨论："你说我们公司战略到底在哪儿？"这不是太搞笑了吗？就是因为老板最先带头错位了。

第五节
梦想是企业的"灯塔"

一个心怀天下的人才能做大事，一个心灵富贵的人才会拥有富贵的人生。有的人之所以没把事情做好，是因为很多东西他没太想明白。人有多大肚量，就能干多大事，这是真的。

❙ 企业要心怀天下 ❙

企业发展到一定程度，老板会由衷地发出感慨：干企业真不是纯粹为自己。那为谁？老板得先想清楚。

前文的化肥企业老板，我认识他之前，他满脑子都是赚钱，当他从以色列回来之后，人就变了，说自己得为中国农民做点事。他自己也是农民出身，这一辈子要是把这件事做成了，他会觉得自己没白活。他之所以有这样的想法，是因为他见识多了，梦变大了。

而没见识的人会天天算计着怎么给别人少点，给自己多留点。

格局不是硬加出来的，不是嘴上说说就行，度量和胸怀也不是硬拔高的。老板得先看见，他如果看都不看，不去了解，不去见识，是不会有大格局和大胸怀的。

| 老板要心灵富贵 |

心灵富贵是老板一辈子修行的目标。

有一位老板，是山东日照的。他跟我说，他现在做企业，真正的压力不是来自于业绩，不是来自于市场，不是来自于客户，而是来自于上市。他说今年是他创业的第 15 个年头，企业里有几个人一开始就跟着他，还有几个跟着他 10 年了，另有几个跟着他 8 年了。他一看见这十来个人，压力就大。为什么呢？

"如果他们到现在为止还没个好房子住，还没有辆好车开，孩子上学还挺费劲，我自然就会想，如果他们当初没跟我混，现在是不是会更好点？我现在做企业，真的不是为了我自己。现在说实话，我那钱不仅我够花，我们家下一代也够花了，但是我停不下来，回头一看他们，我不干的话他们怎么办？如果能让他们也好，我觉得我才对得起他们。"

我跟他说："你要能这么想，你们公司肯定还能更好。拿人心比自心，人之常情就是道。"

心怀天下、心灵富贵，这是道德层面。怀菩萨心肠，但要行霹雳手段。怀菩萨心肠，就说明你心灵富贵，想成就一些人。但是只有道不行，还得有科学。有的时候你组织大家一起做事业，该严格就得严格。赏一人可以振千军，一定要赏，赔死都要赏。罚一人足以平万民愤，那就必须罚。因为这才能成就你的组织，团队才能攻无不克，战无不胜。

什么样的老板是高手？爱员工爱到骨头里，严也会严到极致，他会在两者之间找到平衡。

梦想是企业的灯塔，是企业未来发展的方向。企业最大的成本是方向错了！这个成本大不是因为多花钱了，而是因为方向错了，浪费了宝贵的时间。

第三章

销售战略共识力

决胜高管销售力

本章重点

　　企业高管团队一定要有销售战略共识力，不能有本位思想。团队成员间的关系一定要变成强者之间的相互欣赏，而不能变成弱者之间的相互依赖。

　　团队成员之间合作的前提：第一是得承认自己有不足，第二是理解别人的不足，第三是有一颗欣赏别人的心，第四是有欣赏才有信任，第五是有信任才能做到合作默契。

　　一个高管团队成员如果不关心公司未来的发展，只关心眼前挣多少钱，就说明他不应该待在核心团队里。

第一节
企业的四大成本

老板不做白日梦，是企业的最大成本。那如果老板梦做好了，人才找好了，企业开始运作了，还会有其他的成本影响企业发展吗？在我看来，还有以下四种成本。

第一，共识。

企业当中有两种人：一种人始终不做事，他们往往也没错误；一种人是做得越多，错误越多。不做事的人还议论做事的人有多少错误！如果高管相信了不做事的人对做事的人的看法，就会导致做事的人也不做事了，公司停摆。

你们公司是什么企业文化，达成了什么共识，你们公司就是什么氛围。

比如，公司有三个高管，张三到你面前说李四不好，李四说王五不好，王五说张三不好，你还跟他们很有共鸣。这样的高管团队肯定是一盘散沙。

比如张三在你面前说李四不好的时候，你说自己也觉得李四有这个毛病，自己也看他不顺眼。你觉得张三心里会怎么想？是会觉得老板跟他一条心？还是会觉得老板跟李四在一起的时候也会说自己的坏话？后者的概率更大吧？有的老板还觉得这是一种管理技巧，其实大错特错。

做老板的要是喜欢听这种话，就会发现公司这种氛围最盛行，大家达成了共识：老板喜欢听员工讲别人的坏话。

厉害的老板是怎么做的呢？张三过来跟老板说李四不好。老板说：以后少跟我说这种话。大家不是在一起合作的吗？能不能看点好的？以后给我闭嘴，我不想听，也不喜欢听。

于是大家都不说同事坏话了，慢慢都往好的方向看，因为老板不想听，于是公司压根就不会有这方面的问题。

第二，重复犯错，即员工犯错误，或者犯过好几次错误了，还会再犯。

从来不犯错误的员工不能用，这说明他根本就没做什么事情；在一件事情上重复犯错误达到四次以上的人也不能用，这说明他悟性太低，不往心里去。

第三，员工没有经过专业训练。没有经过专业训练的员工，尤其是销售岗位的员工，直接奔赴市场拿客户训练，"牺牲"的概率是不是更大？其实磨刀不误砍柴工，训练肯定比不训练强。

第四，时间。战略方向错了，即使后期调整回来，时间已经被耽误，市场已经救不回来了。

第二节
高管团队本位思想严重

高管团队需要达成**销售战略共识力**。

一般公司至少有这样五个部门：产、销、人、发、财。就是生产、销售、人力资源、研发和财务。公司所有的部门和所有的岗位都是为业绩服务的，但是很多公司的高管和员工没有对这一点达成共识。

很多公司的高管团队经常会出现一种局面：本位思想严重，各自为政。每一个部门的管理者都把自己部门的价值放大，觉得全公司最重要的部门就是自己的部门。

比如，生产副总说：我认为全公司最重要的部门就是生产部门，因为把握好生产进度，管控好产品质量，至少不会给市场部门和服务部门增加太多成本。而且现在生产一线的工人很难招，因为他们除了要钱之外还要快乐，不愿意加班。所以我认为公司最重要的资源应该向生产部门倾斜，要有最好的技术，有最好的生产线，品管管控好，市场就会好。

销售副总说：我觉得一家公司最重要的部门实际上是销售部门。一家公司可以把生产外包出去，但是销售不能外包，因为必须把市场和客户紧紧地抓在自己手里。对一家公司来说，业绩很重要，要靠业绩去生存、发展，业绩可以掩盖一切矛盾和问题。

人力资源副总说：我觉得最重要的部门是人力资源部。事都是人做的，你们的人都是我招的。为什么功劳都是你们的，不足都是我们的。现在不讲市场战略，不讲产品占有率，讲的是人才占有率，重视人才才能有未来。

研发副总说：我觉得一家公司到底行不行，最重要的是技术。咱们这家公司到底有没有未来，关键也看技术有多强大。我认为把有限的资源投在技术上，卖技术也能挣钱。我们研究什么产品最值钱，产品怎么能更值钱，会发现利润附加值，其中技术的附加值高。

财务副总说：我觉得公司最重要的是把账算好，把政策研究好。国家现在有很多好政策，可以给补贴。政策研究好，产品还没卖，我就把钱拿回来了，你说我有没有价值？

如果各个部门都觉得自己部门是全公司最重要的部门，互相不服气，这家公司还会产生凝聚力吗？高管团队一定要做到强者之间的相互欣赏，而不能变成弱者之间的相

[真言真语]
高管团队一定要做到强者之间的相互欣赏，而不能变成弱者之间的相互依赖。

互依赖。所有人都是为业绩服务的，大家是合作关系。我们每一个人最需要练的一项能力，就是与人合作的能力。

第三节
团队合作五大步骤，助力企业业绩递增

学习知识的时候，只有把老师讲的知识变成步骤，才能慢慢从知识转变成能力。只有把知识转化成具体的步骤，才能离能力很近。学习力不是竞争力，转化力才是。

｜ 合作的前提是先承认自己有不足 ｜

金无足赤，人无完人，我有我的长处和短处，你有你的不足和优点，我们俩才能在一起合作。

自满的人不好合作，因为他们把自己的价值放到了最大。

我还没创业的时候，公司要派人去上学习班。这个学习班类似现在的讲师学习班，是锻炼语言表达能力的。在学习班现场，大家分成了几个小组，一个小组五六个人，每个人有一个题目，各自准备演讲。

我们组演讲之前，大家都说，都给提提意见，好改进，互相帮

助，共同成长。有个人讲了 20 分钟，我们每个人都写了两三条意见，准备跟他说。结果他一讲完下来就说："我是不是讲得特别好？是不是比你们都幽默？我讲得比你们熟练多了，肢体语言也比你们好多了……"大家本来是有点意见的，这时候都咽回去了。

一个自我感觉特别良好的人是听不见真话的。

| 理解别人的不足 |

知道自己不足，才能理解别人的不足。

有的人非常理解别人，懂得换位思考，为什么？因为他们知道自己有不足，别人有不足，大家都有不足，是正常的。人无完人。

| 有一颗欣赏别人的心 |

理解别人才能有一颗欣赏别人的心。因为我知道自己的不足，我也理解了你的不足，而我的不足恰恰是你的长处，我更能欣赏你。

有的团队存在下面的问题：某个人做不到，别人能做到，他不欣赏别人，而是打击别人。销售团队中有人业绩特别好，业绩不行的人就说他是因为脸皮厚才业绩好的。

有的人发现别人比自己优秀，就会去打击别人，这样就觉得自己心理平衡了，这是人性的弱点。承认自己有不足，才能理解别人的不足，这样的人有一颗欣赏别人的心。

| 有欣赏才有信任 |

团队和团队成员之间为什么会产生信任？因为彼此欣赏！团队成员之间彼此不信任是因为彼此不欣赏。为什么彼此不欣赏？因为都不理解对方的不足，为什么不能理解别人的不足？是因为他不承认自己有不足。

大家在一起的时候，有的人经常说：我有个毛病请大家多担待。比如，有的高管在开会的时候，噌一下站起来吼：我就是这样人，我脾气就不好，大家都合作这么长时间，包容我一点就完了。你知道自己有不足，让别人包容你，你得知道是别人可贵，那不是别人应该包容你的。

| 有信任才能合作默契 |

团队成员之间合作的最高境界是默契。

公司里，大家在一起合作如果很有默契，彼此会觉得特别快乐。什么叫默契？比如一件事我意识到了，我还没做，你帮我做完了。

我们可以看看默契和不默契差距在哪里。

默契的团队：

公司有五个高管，大家彼此之间非常了解，合作默契。其中一人去干一件不擅长的事，其他四个人就会讨论：他做这件事肯定会出现这三个方面的问题，我们别忘了帮他看着点，帮他补足，要不然他会出事的。他们彼此间已经形成这种共识，你有不足，我们帮你补上，我有不足，你们也自然会帮我补上。

不默契的团队：

公司同样有五个高管，大家彼此之间非常了解，但是合作不默契。其中一人去做事的时候，剩下四个人聚在一起，等着看他笑话：他去做这件事肯定会出问题的。

高管团队要变成强者之间的相互欣赏，不能变成弱者之间的相互依赖，大家彼此是合作关系，都是为业绩服务的。

第四节
高管团队应达成四方面共识

对于高管团队成员来说，工作怎么干的要求越来越低，对于未来怎么想的要求越来越高！

一般来说，高管团队要达成四个方面的共识：营销共识，战略共识，运营共识，梦想共识。

高管团队跟公司之间至少先要达成营销共识。比如说今年公司大概要定多少战略目标，大家彼此之间至少在这方面要有共识。虽然他们不一定是营销战线上的负责人，但是对营销这件事要有共识。

公司定下了战略目标，大家有战略共识了，这件事接下来要怎么干，彼此之间怎么配合，就叫运营共识。

公司未来方向是什么，老板真正的快乐在于什么。这是梦想共识。高管想快速成为企业最核心的人，就必须认真消化老板做的到底是什么梦，看自己能不能跟老板保持一致。

比如，老板跟大家说他这辈子最大的梦想就是要爬上珠穆朗玛峰，无论如何都要爬上去。他现在就要找到想跟他一起爬山的人。有个人就说这是老板在做梦，自己还是最关心这个月能挣多少钱，爬上珠穆朗玛峰太难了，这一辈子都不想爬那么高。

如果这么想的人现在已经是高管，老板应该怎么办？要先跟他达成梦想共识。

"我要爬珠穆朗玛峰，你跟我爬多高？"

"你能给我描绘一下珠穆朗玛峰什么样吗？"

如果老板说的跟他想的相差无几，他在很大程度上会觉得老板是真心做事业的，会相信老板的梦想。

他接着问老板："你怎么爬珠穆朗玛峰呢？是徒步爬还是坐直升机飞到半山腰再爬？爬到 1000 米的时候是什么情况？爬到 1500 米的时候是什么情况？爬到 3000 米的时候又是什么情况？……"这说明他已经明白了老板的梦想，所以才能提出这些问题。

如果高管只是拍着胸脯说相信老板，老板也别信他，因为他说的相信不见得是真的。

如果他说自己体力不好，爬过 3000 米，大脑就会缺氧，但是他愿意跟老板爬到 3000 米高度。这时双方可以协商，到 3000 米的时候应该怎么办。

但是也不一定要按照协议来，因为人都是会成长的，要看实际情况。爬到 3000 米的时候，俩人再沟通，如果能继续爬，就还一起爬。如果高管实在爬不动了，也没事，一是让他把道让出来，让下面想继续爬的人接着爬，你还正常给他钱；二是你给他降落伞，让他安稳下去，你们好聚好散。

如果一个高管根本不关心公司未来的发展，只关心眼前挣多少钱，他就不能待在核心团队。能干的人并不见得和老板的梦想一致。所以，核心团队里不见得都是本事最大的人，但一定是对老板的战略方向有共识的人。

第四章

销售管控训练力

决胜班底销售力

本章重点 ———————————————————————————

跟销售有关系的班底包括哪些人？第一是管销售的人，第二是练销售的人，第三是运营销售的人。

企业业绩之所以不好，是因为销售班底不全。

打造销售班底有三个步骤：先有左右手，再变铁三角，最后练成铁班底。

第一节
一个策略搭建不怕流失的销售班底

搭建销售班底的策略就是柳传志提出的联想"管理三要素":搭班子,定战略,带队伍。我最早知道这句话的时候,内心是有疑问的,觉得顺序不太对。我觉得应该先定战略,然后搭班子,最后带队伍。后来我见到了他本人,问他这个顺序是不是不太对。他说:中国的企业不是定战略之后再搭班子的,而是有班子才能决定定什么战略,这是先从现实出发,再照顾未来。

这和我在前文说的两个观点正好不谋而合,也相互补充。你不能因为现在已经做了一项事业了,觉得这项事业不好,要把班子放弃再另起一行,那样成本很大。要在现在的基础上再往前进,我觉得这是核心。

什么是销售班底?拿人体来比喻的话,销售相当于腰。简单地说,他们的作用是承上启下。

对于一个管理者来说,如果承上和启下两项能力不能同时具备的话，是承上能力更重要，还是启下能力更重要？总的来说，越高级的管理者，承上能力要求越高。比如你是一个管理者，摆在你面前的重要职责是解读老板在想什么，老板要什么，老板未来要带领大家去哪里。如果这件事不解读清楚，而你带队伍的水平又很高，那你就非常有可能带领一大帮人出色地完成了一件根本就不需要干的事情，出力不讨好，老板对你的能力还产生了怀疑，你也对老板产生了不满。

第二节
一个三角模型就能搭建稳固班底

跟销售有关系的岗位都有哪些？一般有四种：第一，干销售的；第二，管销售的；第三，练销售的；第四，运营销售的。

干销售的人肯定不是班底成员，因为他是执行层面，做具体事务的。

管销售的、练销售的、运营销售的人，属于班底成员。运营销售的人一般是谁？实际上就是老板本人，管销售的人和练销售的人就是营销领域中老板的左膀和右臂（见图4-1）。

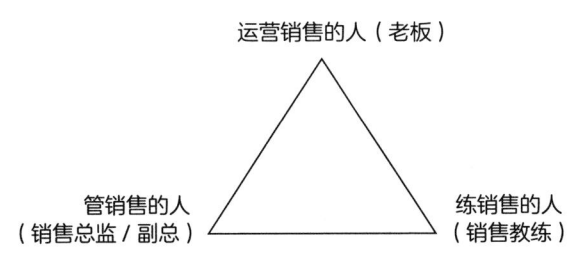

运营销售的人（老板）

管销售的人
（销售总监/副总）

练销售的人
（销售教练）

图4-1 稳固三角搭建销售班底

业绩不好是因为班底不全

如果一家公司的销售部门只能看到销售的高管，却看不见销售的班底，业绩肯定不好。

一家公司的销售班底不够强大，甚至没有班底，都是老板亲自干。老板自己做梦，老板就是高管，老板就是干销售的。虽然调动自己永远比调动别人容易，但什么事情都要自己干，老板忙得过来吗？为什么会有管理，因为管理恰恰是调动别人完成自己想法的艺术。

很多企业业绩之所以不好，就是因为班底不全。大部分公司缺的是管销售的副总或者销售总监。公司产品是好产品，价格不错，质量也不错，但就是卖不出去，为什么？做销售的人能力不够。做销售的人能力不够，又没有专门的人负责培训他们，这怎么能行？

销售领域的现状是：第一，招来就能用的人越来越少，大部分的人经过二次加工能用就不错了；第二，很多做销售的人归属感不够，谁给的钱多就跟谁走。你找了有经验的人，花钱把他挖来，结果别人花更多的钱把他挖走了。

所以，销售人员更多应该从公司内部培养，公司要多储备这类人才。但很多公司恰好没有销售教练这个角色。因为中国市场在很长一段时间内是靠抓机会的，销售人员不用练，机会多得是，很容易就能撞上客户。

原来的销售人员是怎么干的呢？用我的话说，就是拿着机关枪扫射。销售人员没受过专业训练，甚至都没练过"瞄准"，直接扣扳机扫射，然后睁眼看打中了谁，被打中的那个就是客户了。

这种扫射技术含量要求不高，重点是费子弹，只要子弹给得多就行。打完两梭子弹之后，销售人员得出结论，这一片已经没了（这块市场没有新客户了），换个地方重新打。这就叫打一枪换一个地方。换另外一个地方之后，用同样的方法继续扫射。

那为什么他们这么扫射，还有业绩呢？只有一个原因，中国人实在是太多了。不管卖什么的，总有人买。而且人多到什么程度？销售人员过三个月再回来，又会发现新客户。也有人说自己这样扫射，但业绩也不高，那很重要的原因就是他不够勤奋，没有扫射到位。

但现在还这么扫射的话，得到客户的概率是越来越低的。现在得练真功夫，改扫射为狙击。

首先，得侦查客户在哪儿。其次，得勘察地形，还不能让客户发现你。再次，要天天练习瞄准。销售人员天天瞄着客户，早晨几点起床，晚上几点回来，开什么车，经常和什么人在一起……有了目标的销售人员会说什么时候要业绩跟他说一声，他已经瞄了客户很长时间，客户肯定买。最后，公司说可以收钱了，一颗子弹就解决了。

那么一家公司为什么会害怕某个销售人员走？因为侦查的是他，勘察的是他，瞄准的是他，射击的还是他，所有事情都是他一个人做的，他走了，把客户也一起带走了。

什么情况下公司不害怕销售人员走？就是把销售流程系统化，负责侦查、负责勘察、负责瞄准、负责射击的不是一个人。那公司就不会害怕某个人走，因为他到别的地方也只会做某一项工作，这叫让系统的力量强于个人能力的力量。

| 打造销售人才生产线 |

现在培养一个好的销售人员太难了。要让他会侦查，会勘察，会瞄准，会射击，那得多长时间才能培养出来？如果分开动作练，只负责其中一项，是不是就会容易一点，练的周期也会短？所以销售班底一定要重视销售教练。

未来，教练型管理者是一种趋势，教练的目的是盯住这个人，得让他具备什么能力，这是最核心的。

为什么一定要有教练，因为销售团队基本会出现一个现象：业绩越好的人越不好管。他会觉得：老板有今天多亏我了，销售团队有十个人，我自己业绩占整体业绩的百分之三四十，其他几个人这辈子累死也赶不上我，我不牛谁牛？对这样的人你要少跟他谈感恩。他会觉得公司应该感恩他，觉得自己是公司的救星。

如果一个销售水平比较高、业绩好的人发现在公司里他没有替代者，他就会讲特权。他会跟老板说："王总，昨天晚上 × 总又请我吃饭了，他总要挖我去，但你放心，我不会去的。他承诺我给我多少钱，你放心，咱这么多年感情，我不会答应的。"这时候王总是不是得表示点什么了？

老板最忌讳、最不想看到的就是被要挟，但是有的时候老板置气没用，因为公司真的不能缺了那个员工。

在什么情况下人不会觉得自己牛？他发现自己有被替代的危机的时候。为什么他会有替代危机？就是因为有销售教练。教练在培养人才梯队，培养了几个跟他能力差不多的人出来，业绩很好的员工就会有危机感。

培养、训练人需要有训练模板，也叫销售人才生产线。公司需要两条生产线，一条生产线是生产产品的，一条生产线是生产人才的。把销售人员往人才生产线一放，按照流程生产出来，就是高手。先别说人才生产线现在水平怎么样，至少要先有，再慢慢磨合。

当你有这两条生产线之后，你会发现往前看确实没对手。因为人才都能生产明白了，还有什么不明白的呢？企业拼来拼去，就是在拼人才高低的。所以既要有吸引人才的机制，还要有生产人才的体系。

俩人不叫班子，三个人及以上才叫班子。原则上合伙干事不能只靠两个人。俩人合得来吗？有些人拉不下面子，我对你其实也有意见，你对我其实也有很多感到不舒服的地方，但就不太好说。但三个人合作，我就有可能说出来，如果俩人吵起来，还有一个人做裁判，所以三个人合作会更稳固。

另外，如果两个人合作，股份都是50%，也没法接着干。因为谁都不是占股最多的，谁都不能一锤定音，员工也会发现，两个老板不知道到底谁说了算。如果他们意见一致还好，但是经常是他们意见不一致。

尤其是夫妻公司，到一定阶段就会出问题。老公的想法、追求和老婆对公司的想法、追求会有很大不同。比如，老婆会越来越现实，老公会越来越理想化。老公说：先别说挣不挣钱，我干这件事这么多年了，就这么放弃了我不甘心，我至少得争口气。老婆说：争气有什么用，又不挣钱。

一家夫妻公司，男方是董事长，女方是总经理兼会计。到底谁说了算？老婆有一个理念，男人有钱就变坏，要多控制。于是她管钱，然后对老公的朋友们说，如果老公找他们借钱，最后还不上，请不要找她要。

董事长去不去公司？不去的话他担心，去了他痛苦，因为觉得员工工作思路不对，又不知道该不该管。如果老婆不在公司，出去学习几天，他就来劲儿了，把员工召集在一起，大谈特谈。他大谈特谈的时候，员工是怎么想的？"你也就现在图个嘴痛快，等你老婆回来就得变。"甚至正在开会，老婆推门进来了，当着员工的面，直接说"你给我闭嘴，我就不愿听你说话"。

其实他们的公司做得还是不错的，产值都快上亿元了，但是继续提高也难了。

我给他们的建议是，从明天上班开始，先把称呼变一变。我对女方说："明天只要在公司内部看见你老公，你就喊董事长好。"我一开始说这话，她就笑，说自己说不出口。我说慢慢习惯就好了。第二天上班，她和助理迎面碰见男方过来了，说"董事长好"，助理笑得都不行了，还以为她受了什么刺激。

过了半个月，我又去他们公司调研。车间主任跟我说："石老师，我们最近这半个月议论很多的就是这件事情，大家私下里都特别感谢你。因为我们发现他们俩变了。我们发现了他俩的改变，才真正看见了这家公司发展的希望。"

我把车间主任的话说给他们两口子听，两口子都很感慨。

老板只改变这么一点，员工就觉得公司大有发展了，这是很好的事情。因为做公司，不是玩过家家，角色是什么就得正经做什么。称呼这件事，其实是一种仪式感，刚开始不习惯，过几天就习惯了。有了准确的称呼，最起码能正经起来，正式面对对方在工作中的角色，而不是把家里的角色和工作的角色混为一谈。工作就是工作，生活就是生活。别弄得家和公司分不清，因为公司的事影响家庭的和谐。

[真言真语]

夫妻公司切忌：把夫妻角色带入公司中。

第三节
销售班底搭建三步骤

打造销售班底一般分三步：第一步，先有左右手；第二步，再变铁三角；第三步，练成铁班底（见图4-2）。

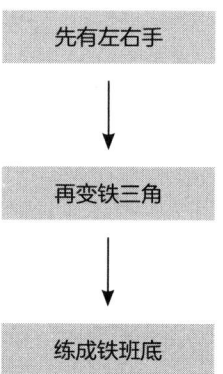

图4-2　打造销售班底三步骤

什么是左右手？员工达到什么程度才能算是老板的左右手？员工要做到三个字：一条心。

企业发展到一定阶段的时候，你会发现，信任成本是个很大的成本。某个人也许干不了特别大的事，但是也不会制造出特别不可控的问题。心有余力不足，力是可以培养的。企业内部可怕的事情是，几位高管能力都很强，但心不在一起，尤其是心不跟老板在一起。

铁三角是什么呢？铁三角叫有共识。前文我们讲过了营销共识、战略共识、运营共识和梦想共识。有共识，就是能理解彼此要什么。

要达成铁班底，需要做到什么程度呢？就是员工要有能力。

如果公司小的话，就是老板本人负责运营；如果是集团公司的话，一般是分支公司的总经理负责运营。运营的左侧是管销售的，右侧是练销售的。他们之间是怎么分工的呢？

负责运营的人向销售管理要目标，达成销售目标要业绩，向销售教练要团队解决问题的能力。

如果做销售的这帮人能力不够，就要分阶段练，这个月重点解决这个问题，下个月重点解决另一个问题。

负责练的人是唱红脸的，负责运营的人是唱白脸的。

其实，家庭里教育孩子也是一样的。如果想把孩子教育得好，父母也要先分清谁是负责唱红脸的、谁是负责唱白脸的，要不然孩子也不好管。

我们家分工就非常明确，我老婆就是唱白脸的。我儿子现在上小学二年级，他从小就明白我们俩的处事方法。我老婆管孩子的时候，我即便是在家，也不参与。

我儿子非常清楚，妈妈说的事情基本上就是确定的了，跟谁商量都没用。他找我求助或者告状，我也说都得按妈妈定的办。但实际上这么定是我和他妈妈商量好的。没商量好，那就说明没有共识。

她把孩子训哭了，我就出去当好人了。我跟孩子拥抱一下，带他去楼下散步。不能都当白脸，孩子毕竟还小，还要给他缓冲一下情绪。

所以在孩子眼里爸爸特别好。

我把孩子带到楼下散步的时候，就跟他聊天。

我说："对妈妈这样做事，你怎么看？"

他说："我都气死了。"

我说："你为什么生气呢？"

孩子往往都不愿意和对他特别严厉的人在一起，更愿意和宠他的人在一起，但宠恰恰对管他是不利的。对管得特别严的人，孩子基本上不说真实想法，但是他会跟宠他的人说实话。

他说："我觉得妈妈没有必要发那么大火，因为这都是小事。"

我说："虽然现在是小事，但如果这件事再往下继续发展，会出现不好的结果，会出现更可怕的结果，那个时候再改就来不及了。"

他想明白了，就说："爸爸我不会再那样了。"

我说："如果妈妈一直不说你，你就意识不到自己不对，我们那才是纵容你呢。那你再想想爸爸和妈妈谁最爱你？当然是妈妈。爸爸能行吗？爸爸天天都不在家。你是不是觉得爸爸太好了，有什么要求，爸爸都满足你，然后爸爸跟你沟通也不错。但是你要知道，如果妈妈要跟你这么沟通，你会听吗？妈妈是因为爱你才发火的，你要明白妈妈的良苦用心。爸爸天天在外面工作，妈妈每天早上送你，晚上又接你，还得给你做饭、辅导作业，做各种事情，就像今年你过生日的时候，妈妈给你……你现在再想，是不是这道理？"

得让他明白道理，但是，最好不要就事论事，而要绕一圈，再绕回来。比如我讲完上面的话之后，就问他："你现在怎么认识这件事？"

他说："爸爸，你这么说我就明白了。"

我说："现在妈妈在家，生不生气？"

他说："估计也会很生气。"

我说："那你现在还生不生气了？"

他说："那我就不应该生气了。"

我说："这就对了，一会儿回去怎么办？"

他说："回去我看见她我还是不想理她。"

我说："不信你去做个动作。你回家之后，见到妈妈，说我错了。妈妈肯定马上就会给你一个拥抱，这件事就马上过去了，因为她知道你已经明白你错在哪里了，已经没问题了，最爱你的实际上是她。"

其实这事我和他妈妈早就商量好了。

回家之后，我儿子就说："妈妈，我错了。"妈妈马上过来拥抱了他一下。

老板也一定要懂这个道理。有人替你唱了白脸，员工肯定会对他

有意见，把意见反馈到你那里之后，你如果还觉得唱白脸的人不对，批评他，他以后还怎么干下去？没人替你唱白脸的话，你只能自己唱了。倒霉的不还是你吗？所以你要给他做思想工作，多跟他聊，多跟员工聊。其实，做教练的人，做思想工作的水平得很高。因为要将两个相对不在一条线上的角色给整到完美统一了才行。

这两个角色一定得是统一的，才能对团队产生张力。可怕的是管和练不一样，如果管理者自己不统一，下面的人就会觉得特别"安全"。

比如有的家里，父母中有一个人在管教孩子，另外一个人不同意他的做法，直接冲他吼，甚至打起来，这怎么管孩子呢？父母打起来，孩子倒是就"安全"了。

比这更可怕的是什么呢？父母其中一个出来管的时候，爷爷出来了，开始管父母。孩子虽然小，其实很会看大人的脸色，他会明白，关键时候还是爷爷的话好使。

在公司里，也不能越级指挥。有些公司，员工越级去跟老板告状，老板越过高管去指挥员工做事。那以后高管说的话，还有人听吗？以后高管要怎么做事呢？

第四节
老板亲自带销售团队的危害

有的公司是老板亲自带销售团队，我一直以来都不是特别赞同。原因是什么？因为如果公司没有销售班底，就会出现很多问题。

| 管理不规范 |

员工来应聘时，面试的是你，到公司后发现做事的人是你，带头的也是你，员工首先就会觉得公司管理上没那么规范。

老板亲自带销售团队，公司就会出现这样一种局面：销售团队的每一个成员跟老板都特别熟悉。彼此熟悉会产生一种结果：站在企业经营者和决策者角度来讲，公司规矩不足。比如有的时候销售人员去老板办公室，甚至都不敲门。

老板也谈业务，销售团队也谈业务，出了业绩到底算谁的呢？如果有些业务老板去谈也没谈成，他的领导魅力又会不会受到影响呢？

当然，公司最开始特别小的时候，业务都是老板谈的。但当公司发展到一定阶段的时候，老板会发现这事不能亲自管了。老板不要跟客户应酬吃饭谈业务，老板要做什么事呢？下属把合同都签完了，说请客户吃饭，这时老板可以去谈谈感情。

| 容易带头违反规定 |

有的老板亲自和客户谈业务，水平也不高，不是说他的能力不高，而是因为他是公司最大的领导，直接面对客户的时候，没有缓冲的余地。客户知道他是谁，比如让他一单再便宜 5 万元钱。如果老板直接说不行。客户会说："咱这么多年感情，还不值这 5 万元钱吗？"这时老板怎么做呢？本来公司昨天刚开完会，强调了不能凭感情成交。如果是员工去谈，还能说回去跟老板商量一下。老板自己谈的话，只能硬着头皮把合同签了，带头违反规定。

| 销售接班人难寻 |

老板发现亲自带团队不行，终于醒悟：自己得把时间腾出来，研究好公司的发展方向和发展战略，把梦理清晰。因为这是自己对公司最大的价值，不要让眼前的事把自己缠住了。

想法很好，但是实际情况如何呢？

为什么销售人员都听老板的，因为他们是老板亲自带出来的。老板如果想的是，我从现在开始不再管销售了，而是找个信得过的人，提拔他，让他当销售总监，让他接手这个团队，结果会如何呢？那个人会变成一个摆设。

为什么？因为销售人员都和老板太熟了。没人向销售总监汇报，谁不愿意跟老大直接打交道呢？

因为公司原来没有管理和教练这两个角色，老板现在想把某个人提拔起来做管理，对他要求太高了。即使老板在背后力挺他，让大家都听他的，也无济于事。如果他真把自己当领导了，开会布置任务的时候，业绩比较好的几个人会不会服气？会不会把他当回事？

被提拔的人肯定委屈，会找老板，说现在让他当领导，有三个人根本就不听他的话，他该怎么办？老板还特别想解放自己，就要给他充分授权，开始画饼：从今天这一刻开始，他有权决定销售部门的事，其他销售人员能干就干，不能干就走。结果业绩好的几个人说：那我走吧。

老板花了一两年的时间，亲自维护的团队，因为这几个业绩比较好的人走了，公司销售额大大下降，陷入危机。培养一个销售人员出来是需要周期的，老板本来想得挺好，结果现在情况还不如之前，老板只好重新亲自带销售团队。

｜ 客户维护不好做 ｜

老板谈的业务别人不好接手。

如果在销售团队里，老板是谈客户最重要的那个人，有一天他不做这事了，换另一个员工去对接客户，他对员工说："这些都是我非常重要的客户，都是我维护的挺大的客户，现在因为我要关注更重要的事，所以接下来我就派你去维护好他们。"结果员工一去，客户说："你们老板怎么没来？你让他来。"搞不好，最后客户太生气，还不跟公司交易了。

有了销售班底就不一样。从一开始去见客户的时候，老板就跟客户说："以后我有事忙，你实在联系不上我，可以直接联系他。"老板一开始就给客户渗透过这个信息，后面问题就不大了。

所以一定要搭好班底。

至于销售管理（管销售的）和销售教练（练销售的）之间到底是怎么分工的，用什么方式分工的，可以用不同的方式去解读。

天天跟销售团队在一起的实际上是销售教练。他可以跟团队成员打成一片，跟大家一起唱歌、吃饭、搞团建，而且这也是联络感情很必要的举动。管销售的那个人就不用参与这些活动了，不然员工吃不好、喝不好、唱不好。销售管理要跟销售团队保持适当距离，有距离才有威慑。

销售教练觉得把人培养好了，他很快乐。关键时刻要冲锋陷阵，比如销售团队的人员有一个客户拿不下了，需要公司领导出面，就不用一步到位让老板出面，可以让领导一层一层出面。

销售教练首先得会干，不会干是练不了人的。其次，团队成员有什么心里话都愿意跟他说，他是情绪的缓冲地带。再次，他每天都做记录。比如现在市场当中出现了一个竞争对手的产品比咱们的产品价格便宜，声势浩大，公司要赶紧在这方面做一套东西，想一套对策出来。销售管理、销售教练和老板坐在一起讨论对策。讨论之后，销售教练让团队成员再一起练习，练完之后去市场尝试。

这就是互相配合。遇到问题赶紧找方法，让方法始终为主线。

第五章

销售战术执行力

决胜团队销售力

本章重点

现在要把销售这件事做好，需要三网合一。哪三网呢？第一叫天网，第二叫地网，第三叫人网。天网是指品牌营销，地网是指渠道营销，人网是指团队营销。

现在，终端拦截的力量变得越来越重要，需要销售人员拥有真正的能力。

第一节
销售需要三网合一

————————————————————————

团队销售力又叫销售战术执行力。销售需要三网合一，第一个是天网，第二个是地网，第三个是人网。天网指品牌营销，地网指渠道营销，人网指团队营销（见图5-1）。

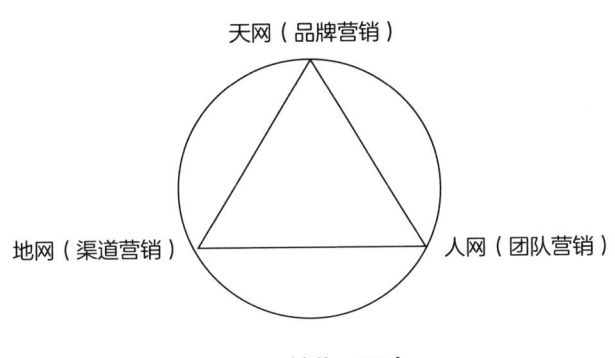

图5-1　销售三网合一

单兵作战的时代已经一去不复返了，现在的销售形式是单兵作战向军团作战过渡。即便经营一个客户也需要很多人配合。比如门店销售，客户来了，一个销售人员跟他沟通，客户没有购买，店长和销售人员一起跟客户沟通的时候，客户可能就买了。

现在人网的力量在这三网当中的地位变得越来越重要！也就是说，不管广告打得多好，品牌知名度多高，渠道多强大，最终还是要靠销售人员面对着客户把产品卖掉。

第二节
终端拦截才是销售人员的真正能力

你们可以回想一下自己是否遇到过这种情况：比如想换家用电器。在家的时候把品牌都研究过了，预算多少也定好了，但是逛完家电商场之后，发现最终买的并不是自己最初想买的牌子，花的也不是那个价钱。这说明什么？说明终端拦截非常重要。

不是说品牌和渠道不重要，而是销售人员面对客户的时候，终端拦截的水平更加重要，为什么？因为现在很多行业都是严重供大于求，在这种情况下，客户有非常多的选择。客户买哪个公司的产品都是买，为什么一定要买你们公司的？这就需要销售人员真正具备终端拦截的能力。天网、地网、人网合在一起，终端拦截的价值会更加不同。

[真言真语]

销售的本质是改变客户的认知。

销售的本质是改变客户的认知。不是销售人员认为公司生产的东西好，客户就会认为好。客户要买的产品，要客户认为好才行。很多人说，销售就是满足客户需求，但是现在满足客户的需求远远不如改变客户认知的层次高。如何让终端人员把产品的认知传递给客户，改变客户的认知框架，才是训练的重点。

如果你们公司品牌知名度没那么高，渠道又没那么强大，你还想做出好业绩，怎么办？终端拦截的时候，一是要改变客户认知框架，二是不能轻易亮底牌。现在广告信息传播的力量变得越来越弱，因为人们接受信息的方式已经不那么单一了，所以终端拦截的力量越来越重要。

终端销售人员面对客户的时候，原则上对客户的问题不要轻易给答案，因为亮底牌亮得越多，你就越不清楚客户在想什么，而你在想什么客户却很清楚。这都是基本的沟通技巧，需要训练模板。训练模板是什么？

我们来看一个案例。

比如我想换个新手机。换手机之前，我心里的认知状态是这样的：我想换一个待机时间长的手机，但是我不知道哪个品牌的手机待机时间长。这时我的一个朋友跟我说，现在市场中手机品牌 A 的一款手机待机时间很长，可以达到七天到十天。我就怀着这样的一种认知去买手机了。

我到了手机品牌 A 的店里。（**这属于主动送上门的客户，在目前这种大环境下，是很不容易的。**）我让店员把那款手机拿给我看一下。

店员是终端销售人员，他把手机给我。我最关心手机的待机时间，就会问他手机待机时长。（**客户问问题时，销售人员不能轻易亮出底牌来。没有受过专业训练的销售人员，或销售教练水平不够，或没有销售训练模板，基本上都是在客户问的时候就被"打死"了！**）

店员回答："待机时长其实关键要看使用手机是否频繁。比如经常打电话，待机时间就短，打电话少的话，待机时间就长一点。在技术上的话，待机两三天都没什么问题。"（**店员这么回答，其实就是亮了底牌。**）

我听到这样的回答，此刻会想什么？我想的是朋友告诉我的待机时长。这样一比，这待机时长有点短啊。于是我说，好的，我再去逛逛。（**客户的心理：如果发现销售人员说的信息和自己从朋友那里知道的信息是不一样的，85% 以上的客户是不会把自己知道的真实信息说给销售人员的。**）

我逛到了手机品牌 B 的店里，这家店的终端销售人员受过专业训练。我让他拿一款待机时间长的手机给我。他把手机给我，说："我知道您为什么关心待机时间，是不是为了图个方便，不想带充电宝什么的？其实我跟您说，评价一款手机到底方不方便，不要看电池待机时间的长短。因为待机时间越长，电池的辐射就越大，对人体健康伤害也越大。其实，评价一款手机方不方便，关键看充电时间的长短。

"我给您介绍一款手机，最近半个月卖得特别好，特点就是充电时间特别短，充电器带着也特别方便，随便上哪里充电十分钟就能充满，充满之后两三天都不需要再充电了。"

店员这么说完之后，我也并不见得马上就买，因为他在改变我的认知，我不会立马相信他。我还是要货比三家。我去了手机品牌C的店，店员把手机拿给我之后，我问："电池充电时间有多长？"我这时已经不关心待机了，因为品牌B的店员已经改变我的认知了。恰巧品牌C的店员也没受过多少训练，说怎么着也得三四个小时吧。

这样一对比，我又回到了品牌B的店里买了手机。我出门之前是想买一个待机时间长的手机，买回来的却是充电时间短的手机。就是因为碰见了一个经过专业训练的终端销售人员，他改变了我的购物认知。

没有设计沟通模板的销售，沟通语言是没有力量的。这里面有个非常重要的词：设计。销售教练要先设计出来这样的模板，才能开始训练员工。

当客户资源有限的时候，如果销售人员没有经过训练，很可能会把有限的客户也弄丢了。

第六章

十步打造销售模式

打造销售模式一共有十个步骤：

第一步是卖什么，讲提炼产品价值。

第二步是卖给谁，讲客户精准描述。

第三步是以什么步骤卖，讲销售动作分解。

第四步是谁来卖，讲选对销售精英。

第五步是谁来管，讲选对销售管理。

第六步是谁来练，讲选对销售教练。

第七步是怎么服务，讲服务价值设计。

第八步是怎么管理，讲销售过程管理。

第九步是怎么分钱，讲创新销售机制。

第十步是怎么持续，讲梦想文化导入。

前三步是说销售模式具体操作的事宜，第四、五、六步重点说的是人和事之间的匹配，后面四步是讲人和人之间的关系靠文化解决，事和事之间的关系靠流程解决，人和事的关系靠机制解决。

销售模式是指让业绩得以最高效实现并可持续的企业能力系统。如何做到高效？效率是怎么提升的？你可以想象一下：如果公司招聘了很多销售人员，你首先会给他们说明公司是卖什么产品的，产品重点卖给谁。这是基础。但是我们去做调研的时候，发现绝大多数的公司是说不明白这两点的。当我们问产品卖给谁的时候，经常有人回答，产品是卖给客户的。那公司的客户是谁？中高档人群。销售人员能听明白吗？销售人员听不明白，效率就自然下降。所以，如何打造销售模式？可以分十步走（见图6-1）。

第一步是卖什么，讲提炼产品价值。第二步是卖给谁，讲客户精准描述。第三步是以什么步骤卖，讲销售动作分解。第四步是谁来卖，讲如何选对销售精英。第五步是谁来管，讲选对销售管理。第六步是谁来练，讲选对销售教练。第七步是怎么服务，讲服务价值设计。第八步是怎么管理，讲销售过程管理。第九步是怎么分钱，讲创新销售机制。第十步是怎么持续，讲梦想文化导入。

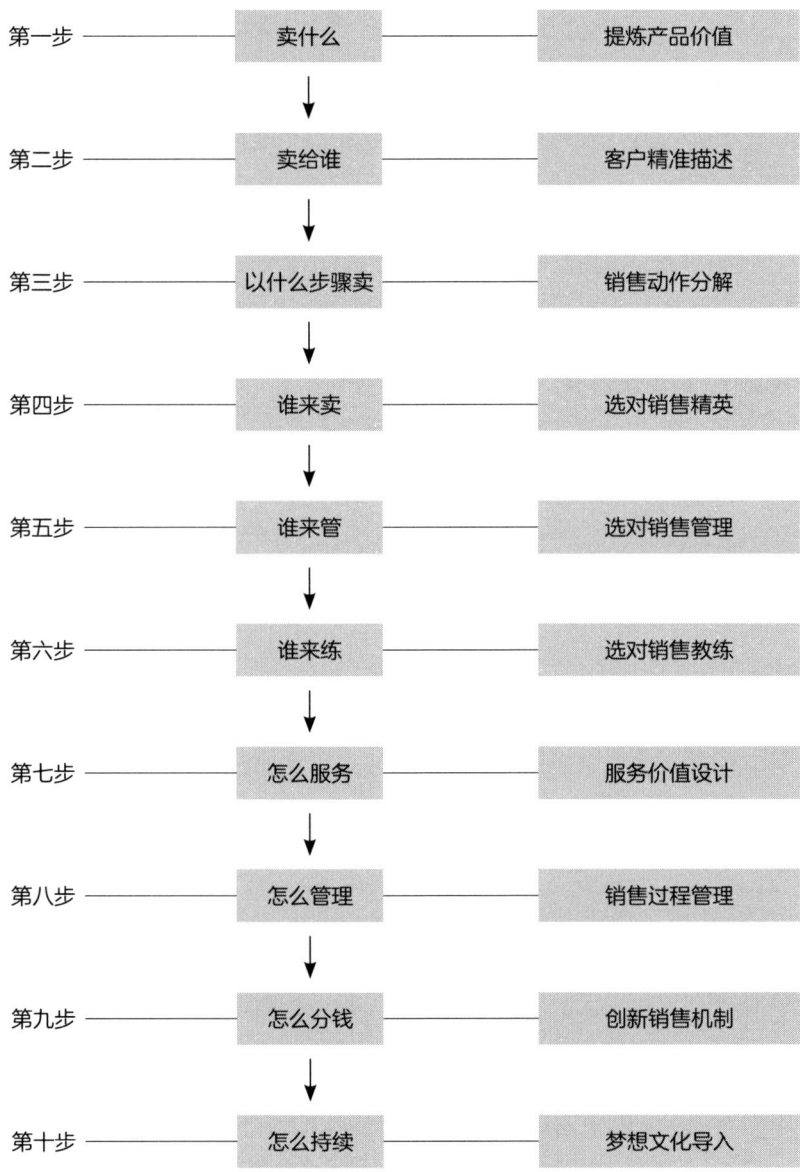

第一步	卖什么	提炼产品价值
第二步	卖给谁	客户精准描述
第三步	以什么步骤卖	销售动作分解
第四步	谁来卖	选对销售精英
第五步	谁来管	选对销售管理
第六步	谁来练	选对销售教练
第七步	怎么服务	服务价值设计
第八步	怎么管理	销售过程管理
第九步	怎么分钱	创新销售机制
第十步	怎么持续	梦想文化导入

图 6-1　十步打造销售模式

前三步是说销售模式具体操作的事宜，第四、五、六步重点说的是人和事之间的匹配，后面四步是讲人和人之间的关系靠文化解决，事和事之间的关系靠流程解决，人和事的关系靠机制解决。

过去有的企业是怎么拿订单的呢？基本上都是用过度承诺拿的，没有的也跟客户说有，当初说的后来没实现，导致客户满意度不高。所以很多销售人员根本就不敢再联系老客户。那怎么办？这家公司混不下去了，就换个地方。

但是现在，抓机会的时代已经过去，练内功的时代来临。如果你现在内功不强大，就算有机会，你也会发现自己只能眼睁睁地看着机会跑了。对企业来说，有外部的社会资源很重要，有资源总比没资源好。以前只要有这些资源，很可能就会发展得特别好，但是现在的资源没那么容易拿到了。

[真言真语]
抓机会的时代已经过去，练内功的时代来临。

假如你外部有资源，内部有能力，有了机会当然还是可以抓得住的。但练内功是最重要的，只要你自己足够强大，就能一直得到客户青睐。

第一节
提炼产品价值

第一步就指产品的价值提炼。那到底什么是产品？产品首先是价值组合。

| 产品是价值组合 |

把"产品同质化"挂嘴边的企业，销售水平不高

很多销售人员**卖的不是产品的价值，而是产品的质量**，或者叫功能。所以很多人说，产品同质化。客户说同质化，是因为很多人推销的产品功能相似；销售人员也说同质化，是为了安慰自己：我干得不好不怪我，因为产品早就同质化了，而且我们的产品还比别的公司贵，所以不好卖。也就是说，卖得不好不是我的问题，是公司和市场有问题。

一家公司销售业绩不好，或者销售业绩没有预定的那么好，找我们去做咨询。我们就调研，看公司里哪位员工是值得培养的。访谈过后，一直在埋怨、抱怨的人一般培养不了。只要公司的销售战线中有人能够承认自己水平不够，有人说这跟产品没什么关系，还是我们这帮人不行，而且我现在负责这件事，是我能力不够，不能埋怨产品，因为同行有比我们还差的产品，却卖得比我们好，那么这家公司至少就有后劲。

世界上最强悍的力量：真实

高管和班底，离开了事情说人是不行的，离开了人分析事情也不行，必须人、事结合。经常有人说"对事不对人"，这其实是废话。很多人顾及面子。其实，说"对事不对人"就是不好意思说那人不好，怕他接受不了。

作为老板，如果你在公司内部开会说话还得三思，还得照顾好身边高管的感受，那你的团队压根就不叫团队。在真正的团队里，老板可以直接说：这事就是你不对，你下次不能这样。这才叫解决问题。

我见过一个老板骂自己的高管，我在旁边站着，脸上都挂不住了。骂完之后我觉得这个高管肯定伤自尊了，结果他说："石老师，您太不了解我们老板了。我们老板就是这样的人，他其实是真心为我们好。上次他骂我，您说他骂得不对吗？大家一起合作，如果有想法，总是憋着不说肯定不好，他脾气大不算什么，我知道他是什么人。"

实际上老板想说"我对你的工作不满意"，但是高管一进门，如果老板还得说"最近辛苦了，公司多亏你了"，耽误的肯定还是公司的利益。不是说这样做不对，但沟通是有技巧的。老板这样跟高管沟通，肯定耽误正常工作。

这个世界有一种力量特别伟大，叫真实。时间会验证，所有假的东西都会现原形。人和人之间合作至少要真实。我特别希望老板这样表达：我今天找你聊，是我对你

[真言真语]
团队沟通小技巧：可以表达你很生气，但是不要生气地去表达。

最近的工作特别不满意。也就是说，老板可以表达自己很生气，但是原则上不要生气地表达，一定要注意沟通技巧。

无论表达什么，说的话一定要真实。真实的力量太大了。人和人之间，合作时间长了，谁到底能挣多少，其实彼此都知道。一家公司什么样才能够有未来？大家至少都说真话。

像杰克·韦尔奇，那么厉害的一个人也说，他到通用电气十年时间就做了一件事，让大家说真话。他一开始去调研，听别人汇报，发现很多人都不说真话。你能让公司所有人都说真话，公司就会不同，大家上班也很快乐，因为大家在一起至少都是真实的。

如果内心有个非常真实的想法，但面上还得让人看不出来，时间长了，人肯定会心累。

任何一个产品都有独一无二的价值

产品同质化不代表产品同值化，也就是说同样质量的东西不代表有同样的价值。任何一家公司的产品都有它独一无二、区别于别的品牌的价值，甚至这独一无二的价值还不止一个。一个品牌，在全国各地都有经销商，大家卖的产品都一样。但是同样的产品，有的经销商提炼出来了属于这个产品的独特价值，有的经销商就没提炼出来。于是同样的东西，这家卖得好，那家卖得不好。

销售团队当中，有一个非常大的难题：如何让销售人员相信自己公司的产品。有一个现象很普遍：销售人员在一家公司待的时间越长，越觉得公司产品有问题。这体现了人性的一个特点：距离产生美。距离没了，美也就没了，总是觉得别的公司的产品比自己公司的产品好。

有的销售人员有20个客户，18个客户都对他特别满意，有两个客户投诉他，他对对他满意的客户印象都不深刻，满脑子都是投诉他的客户，于是总觉得自己公司的产品有问题。甚至，销售团队正开会，大家正大谈特谈自己公司产品价值的时候，他站起来说："你们就吹吧，昨天客户还找我们这个产品的毛病，这个问题怎么解决？"

怎么解决？就是多提炼公司产品价值，多给销售人员灌输独一无二的产品价值，他才会越来越相信自己公司的产品。换句话说，让销售人员学习什么，让销售人员背诵什么，他脑子里才能有什么。有的公司从来就没提炼过自己产品的价值，甚至有的老板都认定自己的产品其实没什么独特价值。

有的销售管理者向我们咨询：公司的销售人员觉得公司产品质量不好时，怎么办？

最愚蠢的销售人员就是用自己公司产品的缺点去跟竞争对手产品的优点对比。

销售是让产品的部分功能满足客户的部分需求。最愚蠢的销售人员总是用产品的部分功能去满足客户的所有需求。

客户每天接受着不同公司产品信息的轮番轰炸，有时候比销售人员还专业。客户不仅了解你们公司的产品，也了解你们公司竞争对手的产品。销售人员满脑子都是公司产品的缺点，有一天他正好遇到了这样一个客户，客户正好对你们公司和你们竞争对手公司的产品进行了对比，重点强调了你们竞争对手公司产品的优势。销售人员越听越觉得有道理，对自己公司产品就更加不自信了。

销售沟通最重要的是改变客户的认知。要想改变客户的认知，首先要改变销售人员自己的认知。公司的产品先做价值提炼，价值不止一条，全部都列好，并用案例来支撑，形成书面文件。销售人员天天背、天天说这些内容，他才会对自己公司的产品有所理解，有所认同。

有些公司把销售人员招进公司，培训的时候，直接发产品手册，说：公司就是卖这个产品的，你们好好看看，到时候我们会考试；另外，提成是多少多少，多卖多得。

这有什么用呢？他什么都不了解，也了解不了。甚至公司连产品都没怎么研究过，销售人员去客户那里推销的时候，发现卖的产品跟产品手册上的型号还不一样，这怎么办呢？

这跟上战场杀敌道理是一样的，当兵的人总得先知道枪怎么用，刺刀怎么用，要会匍匐前进，磨磨刺刀，擦擦枪，才有资格上战场。直接上战场，那不就白白牺牲了？或者平时训练的时候，用的这个型号的枪，上战场的时候换成了另一个型号的枪，他们完全不熟悉，不牺牲你的士兵，牺牲谁的士兵？

销售人员必备技能：沟通模板

销售人员与客户沟通的过程，就是改变客户认知的过程，重点强调的是销售心理。下面我来举个关于销售心理的例子，说明销售人员的心理变化过程。

这是一个新入职的房产销售人员。公司用四五天的时间进行新人培训，讲的是户型知识，装修用的是什么材料，房子性价比，等等，都是房子的优点。这样至少是有价值提炼的，但这个价值更多的不是销售领域的价值，而是产品本身的功能性价值。培训过后，销售人员是什么心理呢？

"没想到这房子这么好，赶紧给我个客户吧。这样的房子我还卖不出去，那我还有什么能力？"他浑身充满了力量，心里特别期盼客户赶紧来，觉得自己立马就能把房子卖出去。等到终于可以去接待客户时，他更是异常兴奋。

有客户来咨询，他非常热情："嗨，您好，欢迎光临，请问买房子是吗？请问您想买什么样的房子？"客户说："我想买一个小区里边有幼儿园的房子。"他培训的时候从来没有听说过幼儿园的事，于是大脑一片空白，直接说："我们没有，您到别处去转转。"看着客户离开的背影，他的心理就变了。这时又来了一位客户。他和刚才的热情度就不一样了，而且会在心里想："你可千万别问幼儿园的事。"结果越害怕客户问什么，客户就偏问什么。"我想问一下，你这小区里边有幼儿园吗？""没有。"接待过两个这样的客户，他可能就"病"了。

晚上开例会，他发言："我给公司提个建议，你说咱这房子都盖了，就不能盖个幼儿园吗？因为没幼儿园房子不好卖。"公司有时候为了让产品卖出去，会满足销售人员提出来的要求。公司把其他销售人员也召集回来了，征求一下大家的意见，看小区里边是否有必要建幼儿园。其他销售人员其实没怎么遇到过这种情况，但是他们内心觉得当然有比没有好，就都说有必要。于是公司就同意建幼儿园。

销售人员看着坑往下挖得越来越深，心里的"病"慢慢就没了。幼儿园已经建了，装修也非常不错，这时候他就很期待客户上门来咨询。果真有人问了，他特别兴奋，但是客户说："你能介绍一下这幼儿园有几个班？幼儿园师资力量是怎样的吗？"销售人员不知道。客户又走了。晚上开会他又发言："幼儿园都建了，不能请点好老师吗？"

在中国的营销大军里面，这样的销售人员大有人在。有客户来买产品，能满足客户要求我就卖。不能满足客户要求，我就向公司提条件。客户来买房子之前，需求非常明确，想买一个小区里边有幼儿园的房子。现在出现问题了，小区里没有幼儿园，那销售人员还会向客户介绍房子吗？肯定想。但是要想把房子卖给客户，就要重点改变客户对这件事情的认知。

但有的销售人员不是改变客户认知，而是过度承诺。比如本来没有幼儿园，他说，现在没有，明年 7 月份就有了，有这规划。客户问能不能签到合同里，他就给人打包票："你还不相信我吗？"客户后来到销售部问幼儿园什么时候建，公司也蒙了："谁跟你说有幼儿园的？""去年我买房子的时候销售人员说今年 7 月份就有幼儿园了。"然后叫来销售人员对质，这位销售人员说："我什么时候说过？你别这么冤枉我，我干了这么多年销售，咱这儿没有幼儿园我能不知道？合同怎么规定怎么说。"

这种就是靠过度承诺拿订单的销售人员。用过度承诺拿下订单的销售人员，改变客户认知的能力差。如果过度承诺用不了怎么办，那就得请客户吃个饭，喝点酒，然后去 KTV 唱个歌。只不过现在这些招儿越来越没有那么大力量了。

总之，只要认知改变不了，客户就不会买你们公司的产品。所以公司需要一个改变客户认知的沟通模板。沟通模板实际上就是公司通过提炼产品价值，设计出来改变客户认知的语言。

| 产品战略三步走 |

从销售产品这个角度来讲的话，企业一般情况会遵循三步走战略：第一步，把相同的产品卖给不同的客户；第二步，把不同的产品卖给不同的客户；第三步，把不同的产品卖给相同的客户，即重点大客户。

如果一家公司没有经历过把相同的产

品卖给不同的客户阶段，直接进入把不同的产品卖给不同的客户阶段，会导致公司产品很多，真正带来利润的却往往只是某几个单品。为了满足有些客户的需求，公司在无限扩大生产需求，成本也在无限提高。

我们做咨询的时候，发现有的公司产品齐全，表面上看很赚钱，但是看财务报表的时候，发现他们的产品的赢利能力都不强。为什么会有那么多产品种类，因为得让客户觉得公司产品齐全。甚至有的时候，客户的需求非常个性化，从公司角度来说要调动非常多的生产成本去满足一个客户的需求，费了很大的劲儿。

你们公司的产品是想对少数客户负责，还是想对大多数客户负责，必须想清楚。这是质与量的转换。质的也想吃，量的也要有，那要求就太高了。所以最终都要问自己公司一个问题：是先走量还是先走质？

第一步，把相同的产品卖给不同的客户，这时候对公司要求其实并不太高，说明现在公司就这么一种产品，但是这种产品得做到有普遍的适用性。

第二步，对客户进行逐级分类，把不同产品卖给不同客户。客户多起来之后，客户资源不能浪费，生产不同的产品，应对不同的客户。

第三步，把不同的产品卖给相同的客户，就是重点大客户。重点把这些大客户服务好，研究好，他需要什么，就生产什么，满足他的需求。这就是从质到量的转换。

| 产品价值分类做得好，业绩节节高 |

为什么要提炼产品价值

第一，如果没有提炼出产品价值，销售人员会对公司和产品没有自信。

第二，如果此时供大于求，没法跟竞争对手的同类产品区别开来，就找不到产品独一无二的价值。

第三，产品价值提炼不出来，改变客户认知的水平就低了，只能用过度承诺来拿下订单，造成恶性循环；如果打价格战，恶性循环就更严重了。比如卖水，别人卖5元你卖3元，别人卖3元你卖2元，别人卖2元你卖1元，别人卖1元了难道你免费吗？免费了还能保证产品的质量吗？任何产品都有成本底线。

很多销售人员最多卖出产品价值的1/5，也就是基本只能卖出功能价值。

新来的销售人员首先会问：公司的产品能解决客户什么问题？这就是在问功能价值。然后问：同行多吗？如果回答"很多"，他就接着问：同行的产品也有这些功能吗？如果回答"功能都差不多"，他接着问什么？肯定是产品价格是否有优势。

问完了他发现，公司的产品跟别人一样，价格比别人贵，但是因为公司提成高，他还是留了下来。

如果你加强了改变客户认知的能力训练，你就会发现你们公司的空间感不同。前文的买手机案例大家还记得吗？那部手机说来说去可能就那么一个价值：电池充电时间短。但是这个价值就让销售人员把它卖出去了。重点是什么？重点是把自己的产品价值提炼出来。

产品价值分类

产品价值一般分为三类：第一类，本体价值；第二类，关联价值；第三类，空间价值。

第一，本体价值。目前很多销售人员最多卖了产品的本体价值。本体价值主要是产品的功能价值。

大多数销售人员是什么水平？他们会说的产品语言多，而销售语言少。消费者往往不是购买专家，比如买房子，销售人员一直在说房子是用什么材料，谁能听得懂？客户听不懂，你还能指望他买吗？

把产品语言转变成销售沟通语言，才是设计销售沟通模板的学问。特别是卖工业品。销售人员带着一个技术工程师去见客户。一开始销售人员都谈好了，结果技术工程师把简单的事情谈得很复杂。

这就需要团队销售的配合，做技术的人当然重要，但是他不懂销售。本来销售人员都沟通得挺好，技术人员只需要重点解决一下客户的某个疑问就行了，但是他去了之后讲得过于专业，销售人员听不懂他的话，客户更听不懂他的话，很可能耽误了签合同。

第二，关联价值。关联价值更多卖的是交付价值。比如在交付过程中，大家经常听到包装有档次、交付起来方便、运输够快等，这些都属于交付性价值，也就是关联价值。

第三，空间价值，也叫想象价值，或者情感类价值。销售高手一般都是卖空间价值的。

如果一个销售人员知道了自己公司产品的本体价值是什么，关联价值是什么，空间价值是什么，那么他面对客户的时候就会了解：这个客户重点买的是本体价值，那个客户重点关心的是空间价值。他就知道面对不同的客户卖不同的价值。最愚蠢的销售人员是面对一个客户，把产品所有的价值一股脑说完了。这样很可能客户反而不买了，因为客户觉得产品价值不突出。

有的商学院学费要60万元。大家可以想一下，交60万元学费上学，这个学校的本体价值是什么？是课程设计。比如，三年时间大概都学哪些课程，哪门课程是重点学的，学完之后学生能够得到什么，等等。

关联价值是什么？比如在哪里上课，是否有考察厂家顺便旅游的活动，等等。

空间价值都有什么？比如老师都有谁，同学都有谁，我能交到什么样的朋友，拓展多少人脉，等等。

如果去上课的人重点是想交朋友，销售人员还在讲课程设计有多好，总共有多少个模块，第一个模块讲什么，第二个模块讲什么，都没用，客户想听的不是这个。所以了解产品价值之后，还一定要了解客户、分析客户，知道客户需要什么样的价值。

第二节
精准描述客户

| 产品类型决定产品的用户 |

产品有两种类型

第一种叫交易型产品。这种产品很常见，一手交钱一手交货的产品就属于交易型产品。

第二种叫解决方案型产品。我们经常听到一句话：你们公司是卖产品的还是卖解决方案的？大多数卖工业品的公司都是卖解决方案的。比如卖锅炉的、卖设备的，它要根据需求，直接介入客户的项目，重新设计。卖软件的公司也是卖解决方案的。它要根据客户的需求进行匹配，给客户定制。另外还有定制家具，要根据客户家的尺寸、颜色、特殊需求进行定制，其产品也算解决方案型产品。

卖解决方案型产品的销售人员一般叫销售顾问，这种产品的销售就叫顾问式销售。

饭店是卖交易型产品还是卖解决方案型产品的？这要分情况。比如客人只点一个菜，基本上还是卖的交易型产品。有的饭店是卖套餐，有的饭店是包桌，比如年夜饭或者婚宴，有800元一桌，有600元一桌，有500元一桌，这就等于是卖解决方案，只不过这个解决方案是卖产品组合的，不见得是需求定制方案，技术含量不一样。

解决方案型产品有两种类型：售前介入，售中介入。

售前介入更多的是技术介入，售中介入更多是安装调试。

我们有一个卖有机大米的客户。因为现在有机大米太普遍了，所以他需要重新研究价值提炼。我们给他做了一些转变，变成了卖解决方案，客户群体也变了。

大米究竟要卖给谁？比如，客户一年能交10万元钱，我们就把他们家厨房承包了。虽然是卖大米的，但核心是提供关联价值和空间价值，比如可以教会保姆做菜，给他们全家进行营养配餐，等等。对很多有钱人来说，他们对价格没那么敏感，就怕你没有符合他们身份地位的产品。10万元一家，一个城市100家左右客户就够了。如果想扩大规模，就把体系做好，换下一个城市。

企业的战略还要明确到底放弃哪些客户。对于上面的案例来说，就是不用把大米卖给哪些人。

客户也有两种类型

客户有两种类型：

第一种是个人客户，一个人就能决定是否购买。

第二种是组织客户，不是一个人说了算，是一大帮人来决定是否购买，有完整的采购流程。

如果你们公司的产品是解决方案式的，又是面对组织客户，对销售人员的要求当然就不会低了。

比如公司规模很大，有400多名销售人员，年产值400多亿元，今年又招了一大批刚毕业的学生，他们能立马去干销售吗？每一份合同标的额大概有四五百万元，刚毕业的学生还那么年轻，能谈这么大单吗？

谈客户必须有烘托，谈500万元单子的，开的车起码得是35万元以上的，那自己没有车怎么办？行政部门可以统计一下公司有多少车是闲置的，用来支持前线。

第一次去见客户的时候，可以两人合作，A给B当司机。

见到客户之后，"司机"A毕恭毕敬把车门打开，B下车之后，不经意说："你等我一个小时左右。"这样看起来才像是谈500万元单子的人。

下一次A去见客户，B给A开车。

这也是一种团队销售。

任何一个销售人员出现在客户面前，都需要很多复杂条件共同烘托他的价值。要让合适的人去经营合适的客户资源。客户精准描述的意义就在于：不进行客户精准描述，公司资源的高效配置就是一句空话。

客户质量本来很高，但是销售人员水平不高，别的同事暂时没办法配合，不得以让他自己去经营客户，结果他把客户弄丢了。如果无法对客户精准分类，至少可以分出哪些是高级别的客户，哪些是中档次的客户，哪些是低档次客户。然后公司根据销售人员的水平去配置客户。

某个客户，一个销售人员谈不下来，不代表换人去谈就不行了。但是公司没有做这种优化，最后就会浪费客户资源。在客户资源有限的情况下，这是非常可惜的事情。

| 客户精准描述的方法 |

第一，背景性描述

背景性描述，是指客户或者客户公司多大、规模如何之类的。比如上文中卖有机大米的公司，客户是谁？吃的大米跟收入有没有关系？每月挣多少钱才能吃得起有机大米？有人说客户又不会说自己挣多少钱，但是能住别墅的人肯定是有钱人。还往下细分的话，可以看他住的是独栋别墅，还是连排别墅，等等。如果是做美容行业的，还得知道客户是哪个年龄段的，家里收入怎么样，等等。

这么描述有什么好处？销售人员能非常清楚他应该找谁；描述不清楚，他就不知道找谁。不知道应该找谁，效率就低，只能边看边找，最后往往发现找的人还不是他们的精准客户。

第二，需求性认知描述

背景性描述更多用的是量词，是标准化的词。

需求性认知描述就是客户有多高的认知，改变客户认知的难易程度。

需求性认知描述分为三类，也就是按照改变认知难度来说，有三种客户：第一种，阳光客户；第二种，月光客户；第三种，星光客户。

阳光客户是指不需要改变太多认知就会购买产品的客户。也就是说，客户有显性需求。

月光客户，是指需要稍微改变一下认知就能购买产品的客户。改变月光客户的认知，难度不是很大。

对比来说，改变星光客户的认知难度大，需要费点劲儿。但是公司的未来一般都在星光客户那里。

你觉得难的事，同行也觉得难。你的未来不就在同行觉得难的那件事上吗？你把难的事变容易了，你才厉害。如果客户都是显性的需求，谁都能看见，那竞争压力不就很大了吗？而且显性需求的产品一般利润都低。

认知的难度不同，直接决定未来的情况不同。还是那句话，要看你到底是为谁服务的。有的公司销售额两个亿，但不如销售额8000万元的公司挣钱多。为什么？虽然销售额有两个亿，但客户都是显性需求，利润低。销售额8000万元的公司是把利润附加值都做出来了，改变了客户认知，引导客户，创造了新需求。

在市场竞争中，你觉得不容易的事大家也觉得不容易。什么时候大家都觉得不容易的事，你觉得容易了，你就和别人不一样了。所以记住，只要同行都说不容易的事，恰恰是存在机会的。

第三节
销售动作分解

| 明确设计销售流程的作用 |

销售动作分解，即用什么步骤卖产品？也就是销售流程设计。

我们做咨询的时候，看了很多公司的销售流程，发现一件事情：大多数公司的销售流程其实不算真正意义上的销售流程。销售流程的核心就是要把销售人员的动作进行分解，去赢得客户。也就是说，赢得客户的流程才是真正的销售流程。评价销售流程到底好不好、价值大不大、效率高不高，有几个标准，要产生以下几个作用才行。

让公司对销售结果能够预期

第一，让公司对销售结果能够预期：能够预告事实的销售才是真正的王者。要对销售人员下一个阶段的销售成果有合理的预期，做不到这一点，就很麻烦。管理者基本的能力就是能够看得见未来。

其管理的水平就折射在四个字上：预告事实。比如我分析销售人员，我知道他现在跟客户之间沟通的状态，大概能够预知他会得到什么结果。

一个人有没有智慧，关键看他分析事情的时候是不是以终为始分析的。即先把终点、结果想清楚，再想怎么开始。

设计销售流程，就要想：一个客户为什么会买一个商品？按照结果倒推客户为什么会买。

有智慧的人是预告事实、以终为始的。

其实我们每个人都处在倒计时中。人有一件事是从生下来那一刻就确定的，那就是死亡。有的人说人有多大肚量干多大事，因为他想开了。

几个股东在一起合作，为什么能合作得好？因为在做事业之前，他们先商量好了将来散伙的时候怎么办。连地球都是有生命的，何况企业？正是因为这样，才更要有梦想。

股东合作之前就把挣钱的时候怎么分、赔钱的时候怎么承担说清楚。但是中国企业经常会出现一种局面，很多人觉得还没开始干就研究怎么承担责任不太吉利，于是就不说公司倒闭的时候怎么办的事。但是由于没把这事说得特别清楚，大家后来分钱的时候都很舒服，赔钱的时候谁都不愿意赔，最后感情也伤了。为什么很多企业开始两三年做得不错，后来就不行了？就是因为没有以终为始考虑问题。

有明确的销售行为指向性

销售流程要有明确的销售行为指向性。为什么要设计销售流程？

首先，把流程设计好了，再招聘销售人员。销售人员一看流程就非常清楚自己要干什么，因为流程有非常明确的销售行为指向性。比如我们公司的销售流程，第一步叫标准客户采集，第二步叫立体价值传递，第三步叫咨询专家服务，第四步叫促成合作洽谈。这就是非常清晰的流程。

其次，站在公司角度来讲，只有把流程设计清楚了，管理才能清晰，流程是为管理服务的。管人不就是管他在流程中做什么吗？流程不清楚怎么管？

有的公司流程看似挺好：第一步，寻找准客户；第二步，接洽准客户；第三步，沟通准客户；第四步，成交客户；第五步，售后服务。这个流程设计有什么问题呢？

首先，什么是准客户，"准"是什么意思？有人说有需求的客户就叫准，那什么样的客户是有需求的客户呢？想买就有需求。那怎么能看出来他想不想买呢？

假如公司有6个销售人员，管理者想要知道下个月能卖多少产品，就会问销售人员的情况，如果按照刚才这个流程问，现在准客户有多少个？6个人分别说27个、32个、15个、34个、68个、7个。他们报数的时候，每个人对"准"的标准理解都不一样，那么这种数字不就没意义了吗？

了解客户需求，要重点说清楚了解了什么才叫了解了客户需求，要怎么做？这叫动作分解。我们在做咨询的时候，了解过很多企业的销售流程，有的让人啼笑皆非。下面举个例子，看看这家公司的销售流程有什么问题。

重庆一家做家具的企业，属于生产型企业，销售人员主要做渠道销售，开发和维护经销商。他们的流程如下：第一步，寻找目标客户；第二步，拜访谈判；第三步，成交签约。

这个流程的意思是，只要能找到客户，一谈就能签约了。哪有这么好的事呢？

我其实最想看的就是销售人员都谈什么了才成功销售的。如果按销售流程来做，公司根本没法管。找到目标客户，那得说清楚公司的目标客户是什么样的，即要先做好客户精准描述。第二步，去拜访，拜访谈判中间都有些什么动作要列清楚。最后成交签约，签约的时候要注意什么？

中间这么多事情，但流程都没写。公司的流程给人的感觉是，好像一拜访客户就能成功销售出去。

这个流程会产生什么问题？没法管理销售人员。问销售人员现在的工作进度，他只能跟你说一句话，谈着呢，反正没成。每个客户都谈着呢。公司对他未来也没有办法有预期，如果往下问，说谈到什么程度了，他又告诉你，反正谈着呢。

从谈判到签约，流程的信息量太大了。这不叫销售流程，这叫公司的工作流。

有销售工作的改进方向

销售流程要有销售工作的改进方向，也就是说，销售人员看流程就能清晰地知道自己的销售工作的问题和改进方向。

销售流程中，要设计两个东西：一个叫流程图，一个叫流程表。前文说过，事和事的关系靠流程解决，就是要把流程图和流程表设计清晰。

有的公司经常说一句话，"那个人销售很厉害，别人根本就没法学"。为什么？因为那个人心里边有谱，他自己有个流程，知道第一步干什么，第二步干什么，第三步干什么……但是没有人把他这个流程提炼、总结出来，变成大家的。如果让这个人讲讲谈业务怎么谈得这么好，他也说只能意会。因为没有人总结过这个人是怎么做的。

另外，流程不清晰，还会造成另外一种结果——没有凝聚力。公司哪怕只有十个人，每个人都有自己一套，谁和谁都没法学，这个团队成员都觉得自己不差，互相不服对方，怎么会产生凝聚力？

青岛有家企业，也做渠道销售。他们的销售流程就两步：开发经销商，维护经销商。这不叫销售流程。

一般售楼处都有沙盘模型。生产沙盘的企业既是生产型企业，又需要技术设计。沙盘做得好不好看，符不符合房地产商要求，对卖房来说挺重要的，一般是属于解决方案式销售。他们公司的销售流程是：网络部提供信息，进行方案谈判，确定方案。网络部通过招投标拿到信息，然后提供信息给公司设计师，设计师设计方案，销售人员拿了方案去客户那里谈判，然后就确定方案了。

还有一家定制家具的企业，销售流程是什么？只有两步：初步了解，签订订单。

这都是非常不清晰的销售流程，让人无从下手。

| 设计销售流程的两大理念 |

设计销售流程要具备两大理念：

第一，销售的过程说到底就是让客户产生购买意愿，并形成购买决定的过程。

第二，销售人员的行为只有与客户心里购买的过程保持一致，才有价值，或者叫保持同步才有价值。

销售的过程其实就是让客户产生购买意愿和形成购买决定的过程。

如何完成这个过程？重点不是销售人员要干什么，而是销售人员得知道客户心理是怎么变化的。销售人员的行为要跟客户的心理变化保持同步，销售才有可能成功。

| 销售方式的分类 |

销售的方式一般情况下分为四种类型。

第一种，渠道销售

渠道销售，销售人员的职责就是开发经销商和维护经销商。之所以跟客户能够谈成合作，卖的往往并不是单一的产品，而是公司跟经销商的合作模式。也就是说，经销商认可你们的产品，同时还要认可你们的合作模式。

渠道销售人员需要具备两项价值水平，一是对产品本身要很了解，二是对合作模式的价值要进行提炼。也就是说，生产型企业有的时候不仅要提炼产品价值，还得提炼合作模式价值。

有人经常说要管理经销商、控制经销商，我不这么认为。经销商既不能管理也不能控制。经销商不是对品牌忠诚，也不是对产品忠诚，更不是对公司和老板忠诚，他们对钱最忠诚。他们希望跟你合作的时候，第一省心，第二挣钱。也就是说，不要去研究如何管理和控制经销商，而要研究怎么支持和服务经销商，让他省心，这是关键。你是靠经销商把产品卖出去的，所以他有解决不了的事情时，你得帮他解决。有的时候还需要你有自己的直营旗舰店，因为你要通过直营店研究经销商会遇到的问题，帮他一起解决。你自己都解决不了的事，依赖经销商来解决，是不足取的。

有人说了，他自己也能卖产品，为什么还要开发渠道销售？第一，速度和规模不一样；第二，资金回笼时间不一样。渠道销售还分不同的级别，不同的产品有不同的渠道建设方式。

第二种，直接销售

直接销售不叫直销，直接销售是销售人员直接面对客户，把产品卖出去。

生产型企业可能有两个部门——一个叫渠道销售部，一个叫直接销售部或者大客户部、战略客户部。有一些公司是直接把大客户和战略客户抓在自己手里的，剩下的就开放给渠道了。用老百姓的话说，这叫行商，而不是坐商，要走出去。

第三种，门店销售

门店销售就是指客户到店里来购买，销售的方式是用门店来承载的。对销售人员能力结构的要求和前两种销售方式是不一样的。前两种销售人员得走出去，主动联系客户，然后洽谈。门店销售，不需要主动走出去。门店销售人员至少要具备一项能力，客户逛到店里来了，即便没买，也会感觉逛哪家店也没有这家店的感觉好。门店销售人员就是公司的品牌形象代言人。如果客户主动上门还谈不好，那就说明他水平低。

我有一天在家具城做咨询，问了门店销售人员几个数据。第一，一天能进来几个客户？有的销售人员说，一天只有三五个。一天就来那么三五个客户，还研究什么门店销售？只能先去研究销售行为前置，就是如何能够让更多客户逛到店里来。

另一家门店每天进店 100 个客户，我问的第二个数据是，客户一般都逛多长时间？门店销售人员说有 80 个左右一般都是 5 分钟之内就走出去了。如果数据是这样的，那就不是研究销售行为前置了，而是得研究客户来了之后，如何能够让他在店里边待更长时间，销售人员要跟客户沟通点什么，即公司要做沟通模板的设计。

第三个数据，一天能成交多少？门店销售人员说，来了 100 个客户，只成交了两个，简直就像一个漏斗，口大，进去了很多人，但是最后成交的就那么一点点（见图 6-2）。这时就要想另外那 98 个客户为什么没有成交，是不是我们的产品不匹配？是不是我们的话术不够专业？

一个数据一个数据问，然后一点点仔细分析，分析越细越好，越

图6-2　销售漏斗图

极致越好。

把动作练到极致，公司就看不见竞争对手了。很多企业发展得好，不是因为自己多强大，而是因为竞争对手太差。

红海就是竞争对手特别多，在那里厮杀；蓝海就是区域里只有自己。蓝海战略是一定要干别人没干过的事，去一个别人没去过的市场，卖别人没卖过的东西。但首先，这样的事情不多，其次，如果干别人没干过的事，去别人没去过的市场服务，相对来讲，教育客户和教育市场的成本也很大。

我更多的希望是把事情干到极致，这样别人永远没办法超越你，就算是红海也像蓝海了。

[真言真语]
事情干到极致都是蓝海。把事情做到极致，公司就看不见竞争对手了。

很多人都吃过海底捞，很多专家也都在研究海底捞案例，同样都是火锅，产品早就同质化了，而且他们卖的价格比很多火锅店都贵，却照样火爆，为什么？不就是他们把所有服务里边的动作练到极限了吗？所以海底捞，别人当然模仿不来，他们已经练到极致了。

但是练到极致非常不简单。比如，服务员的笑容练了多长时间，才能一直笑，并且不会让人觉得是假笑；拖地的动作练了多长时间，才能让每个人都做一样的标准动作？

同样是往火锅汤里下面条，他们家是跳着舞下的。

如果客户带孩子的话，服务员专门给看孩子，领大的孩子一起跳舞。

就餐等位，等两个小时孩子也不哭闹，因为该吃吃该喝喝该玩玩，甚至等餐的地方比吃饭的地方还大，有水果吃，有围棋、象棋、跳棋下。女士可以做美甲，男士可以理发，还可以擦鞋、玩游戏……其实就是把所有服务动作都做到了极致。

怎么超越竞争对手？用通俗的话说，如果你现在是60分，竞争对手也60分，你70分，竞争对手也70分，是无法超越的。除非竞争对手是六七十分的时候，你做到了85分，才能算超越。

很多事情，从不会到会，或者从不会到六七十分都不太难，但是从80分开始，每一分的增长都要伴随着痛苦与煎熬，伴随着锤炼。

在市场大潮里竞争，在某些领域，如果做不到85分以上，是没有竞争力的。到处抓机会的时候不用练，因为大家都一样，都有机会。机会变少的时候，练内功才是最重要的。

第四种，网络销售

网络也算是销售的渠道之一，什么样的销售方式实际上都是信息传递的过程，做网络销售也需要研究你是卖什么产品的，要卖给谁，怎么把信息传递给客户。

网络销售最难解决的一个问题是信任。现在的 O2O 模式，线上线下联合，会让生产型企业有三个销售部：一个是渠道事业部，一个是直接销售事业部，一个是互联网销售事业部。但不管什么样的销售方式，都是这十个步骤，都需要进行工作分解。

第四节
选对销售精英

右脑发达的人更适合做销售

总的来说，员工有四种：

第一种，不管你给不给他阳光，他自己有点阳光都能灿烂。这种员工实际上不需要改变。

第二种，你给他一片阳光他才能灿烂。

第三种，你给他多少片阳光他也不灿烂。

第四种，他能给别人阳光。他不仅仅自己灿烂，还能让别人灿烂。这种是公司最需要的员工。

有的人天生适合做销售，有的人天生不适合，后天怎么练都没有用，或者训练的成本很大。

做销售是不是找对人比做对事还重要？有的人说，找错人了，不就是在他身上花点钱吗，能有什么损失？损失太大了，因为他非常有可能把市场搅和乱了。

我们曾经参考多种行业 2400 个销售量大和 1800 个销售量小的人，设计出来一个销售岗位胜任力模型的测评工具，一共 60 道题。笔试的时候，让应聘者把这 60 道问题答完，看看分值，大概就能知道他的销售潜质如何。

一个人是否适合销售工作是怎么判断出来的？是由他左右脑思考比重决定的。有很多人觉得一个人适不适合做销售，更多是看外在的一些因素，比如，有没有亲和力，语言表达能力基础如何，等等。但这些还不足以看出来他是不是有销售潜质。

人的大脑分左右脑，左脑是理性思维，比如逻辑思维、记忆思维、计划性思维、数字性思维；右脑是感性思维，比如想象力思维、联想力思维、创造力思维、艺术性思维。一般情况下，适合做销售的人原则上要保证右脑比左脑发达，这样的人能更快胜任销售这个工作。如果一个人右脑特别不发达，左脑特别发达，他做销售工作就有点难，训练成本高。右脑相对来讲是一种天分，后天练出来的空间有限。

[真言真语]
右脑比左脑发达的人，更适合做销售。

比如女性怀孕的时候做胎教、听音乐，启发的是胎儿的右脑。一个人能否成功，最终的瓶颈往往是右脑。有人研究各个领域中成就特别高的人，发现右脑超级发达的人更容易成就一番伟业。

女性嫁给左脑发达的老公，会觉得他没有情调，但是他很值得信任。因为左脑发达的人对人的情绪不敏感。右脑发达的人对人的情绪特别敏感，对环境也特别敏感。比如，今天下班老婆心情很不愉快，左脑发达的老公看不出来，老婆得跟他吼，说自己生气了，他还不知道老婆因为什么生气。右脑发达的老公，老婆一回家他就能看出来老婆生气了。会哄人的基本都是右脑比较发达的男人，左脑发达的人不会哄人，只能让老婆自己疗伤。

为什么说女性做销售往往比男性适合得多，因为女性一般都是右脑比较发达。"直觉"这个词是纯指右脑说的，女性的直觉很准。

说到左右脑思考比重，我还必须强调，千万不能把公司右脑超级发达的人提拔成销售总监！做销售的人需要右脑比左脑发达，而销售管理者需要左右脑均衡。

[真言真语]
不能把右脑超级发达的人提拔到销售管理岗位。

有的人天天是销售冠军，月月是销售冠军，年年是销售冠军，特别厉害，谈客户水平特别高，但也不能不加考虑就把他提拔成销售管理干部。因为他有可能对数字不敏感，对报表不敏感，对账目不敏感，对计划不敏感，对理性的东西都不敏感，他只对人最敏感。下属向他汇报工作的时候，他根本不知道怎么理性分析，第一个反应是"我跟你一起去"（见客户）。

一个右脑特别发达的人，你让他带团队，会让他觉得把兵练好没有成就感，还不如自己干。有很多公司提拔的销售总监只适合自己做业务，不会带队伍，他觉得把别人教会不是他的价值追求，他喜欢见人，他喜欢谈客户。

| 评估销售人员的两个维度 |

左右脑思考比重，是看销售潜质。即一个人可开发价值多大，是销售的本能性素养。有的人，从骨子里就愿意干销售，有的人怎么训练也不行。

另外，看一个人适不适合做销售，还有两个维度：第一，销售心理；第二，销售思维。

销售心理

做销售很挑战心理建设，因为销售这项工作要求主动性。大多数岗位都是别人找你来办事，做销售得主动联系别人办事。在中国传统思想中，主动找别人办事不如别人找你办事好，因为上赶着不是买卖。但是要做销售必须主动，所以对销售人员的心理这一关实际上是个挑战。

销售心理建设是需要训练模板的。一个销售人员的自信心是怎么来的？取决于销售人员的心理状态，也可以说心理承受能力，心理承受能力高低取决于他生命志向的高低。

一个销售人员，他自己如果压根就不想成就多么伟大的事业，不想要过多么好的生活，公司怎么激发也没有用。所以提到销

> **[真言真语]**
> 销售人员自信心的大小取决于他生命志向的高低。

售团队，经常能听到一个词——激励，但是我个人觉得，如果他本来就是块木头，公司即使激励过，他也只是块被激励过的木头，没有用。你只能激励能激励的人，要不然是没有意义的。

人的希望来自于什么？来自于生命价值取向，来自于自己艺高人胆大。所以销售心理这方面，自信心非常重要。有些人说自己没有自信，胆子不够大，这要怎么练出来？就需要激发对生命志向的追求。

我们有一个客户有九个销售分公司，由于赶上了几次机会，公司好几次都得到了不小的成长，发展得很好，销售人员有房有车有存款，也都不错。做了几年下来，老板发现销售人员激发不了了。之前开会的时候，他说大家只要完成了什么目标，就再拿出20万元奖励大家。现在他再拿出20万元来奖励，这九个销售分公司的负责人就说，老大别一提什么事就说钱，我们现在活得也行。

他就问我怎么办。因为不是谁都能纯粹用物质来激励的。我出主意说，带他们去长见识。比如带他们去高档场所，吃他们没吃过的，见他们没见过的，去比较好的学校，看看别人的孩子是怎么受教育的。目的就是刺激他们，改变他们对生命和生活的认知。

企业发展到一定阶段，肯定会面临员工如何看待生活，如何看待生命本身的问题，对生活品质追求不高、对生命价值取向不高的人，怎么激发都不行。因为人的动力往往来自于被需要，被需要他才有价值。他自己天天安慰自己比上不足比下有余，这还怎么激发？

销售思维

销售人员必须具备以下四项思维。

第一，双向思维，也就是学会换位思考。能干的销售人员，他的思维方式是什么样呢？"如果我说了这句话，他（客户）会怎么想？""他要这么想的话，我就这么说，他要那样想，我就那样说。"这叫双向思维。

没有双向思维的人："我管你怎么想，我先把我的说完。"销售沟通，最起码得知道客户此时此刻是怎么想的，才能决定怎么与之打交道。

第二，因果思维。为什么一个人说话听起来都特别有道理，为什么那个人改变客户认知的能力强？因为他们经常用因果思考方式。这叫前言搭后语，有逻辑。怎么改变认知框架？要靠逻辑手段把竞争对手的产品缺点扩大化，把自己公司产品价值扩大化。逻辑是一种思考的惯性。"王总，今天我之所以找你，是这样两个原因。""我们公司为什么把产品价格定得这么高，主要出于三方面的考虑。"这叫因果式表达。

要想把逻辑性思维做好，就得学会驾驭和使用关联词，这是在销售训练的过程当中必须做的。关联词比如"因为……所以，之所以……是因为，虽然……但是，如果……就，尽管……还，与其……不如"等等。为什么听那个人说话觉得他说得真对，可能就是因为他用了这种思考方式。

第三，承接思维。客户说什么我都觉得是有道理的，我先把话接下来。"你们这个东西太贵了。""是。"先接下来，再慢慢用心改变他的认知框架，这就叫设计销售，必须用到沟通模板。

不能直接跟客户对上："你这东西太贵了。""不贵。"这种对话方式，就像我就是硬要说服你。这就错了，因为很多人都不愿意有被说服的感觉。无论是组织客户还是个人客户，都希望自己有购买的主动权。

有一个做快消品销售的大姐，说了一个观点：客户说我们公司不好的，我就当没听见，我也不说他说得不对，我就是笑。完了我就换另外一个频道，说别的。

比如，客户说她们公司这产品质量太不行了，她笑着说，一直都能修。笑完了之后说一句"天真冷"，还能幽默一把。

她对公司的产品特别有自信，她不是盯着眼前做的事丢不丢脸，而是想到了后面对客户的好处。其实，不是谁想脸皮厚就能厚得出来的。只有有更大想法、更大目的、

[真言真语]
只有有更大想法、更大目的、更大追求的人，才能够把眼前的面子放下。

更大追求的人，才能够把眼前的面子放下。

我认识一个房地产公司老板，公司年产值也80个亿了，跟有些高端客户打交道的时候，他的服务态度依旧特别好。我说他也算是叱咤风云了，是有什么把柄在别人手里？他说不是这样的，他这么多年混社会，就懂了一个道理：人生不就是在一些地方没面子，换个地方找面子吗？干吗处处都有面子，处处都要面子，那不是死要面子活受罪？

其实这样的人能够放下眼前的很多东西，是因为他们还有更大的期许和追求，不是谁都能受胯下之辱。

第四，利他思维。

有一家公司是在机场卖酒店打折卡的，卡卖380元钱。

后来我调研他们公司的顶尖销售高手，全公司的销售冠军（销售冠军简称"销冠"）。副总说，销冠的做法别人根本就没法学。

我说为什么？他说脸皮太厚，也不太希望大家学她，影响公司形象。

那是什么支撑她脸皮厚的呢？我亲自访问过她。

她说："我内心就一个声音，不管用什么样的方式让客户买了产品，客户最终会非常感谢我。因为我非常清楚我们公司的服务真的安排得非常好。客户买了380元钱的卡之后，只要出去旅游，酒店和旅游景点都会安排得特别好。"

不管什么情况，她知道，她就是为客户好。最终她赢得了客户。

第五节
选对销售管理

适合做销售管理者的，比如销售副总、销售总监等，第一，左右脑要均衡；第二，要有一颗成就下属的心；第三，要有威信。

什么人适合带队伍？他下属干好了，他内心就觉得特别有满足感。如果没有成就下属的心，是不能让他当管理者的，他当管理者时间久了，慢慢就会变成摆设，大家都不听他的了。因为有成就下属的心，这个人才能更具备威信。

销售团队的负责人有威信是不容易的，大多情况是有威没信，有信没威。有威就是跟大家保持距离，结果是大家有心里话都不想当他面说。有信是跟大家打成一片，吃也在一起，玩也在一起，但是大家慢慢就会轻视他。人和人之间越熟悉就越会导致轻视。什么情况下管理者会变得特别有魅力？不管怎么样，他所有出发点都是为了大家好，为了成就大家。

我大学毕业之后，从事的第一份工作是给领导写材料。领导对我特别严。刚毕业时，我还没经过社会的锻炼，心理其实很脆弱，但我这辈子都特别感谢他。我文笔其实还不错，第一次汇报的时候，把材料交给领导，他看了一遍之后，看着我说："你是大学毕业，怎么把材料写成这样？……我就想问你，这一段和这一段说的是不是一个意思？为什么分成两段？"然后他重新给了我一张纸，说："写东西给领导汇报，要留出空白的地方，你都写得满满当当的，领导怎么改？"

细微之处见品质，毫厘之差定乾坤。如果遇到的是一个特别严格、特别讲求品质的直接管理者，你成长得肯定很快。而对于一个管理者来说，想真正把队伍带好，严格是很重要的事。但是管理者之所以能严格，是因为员工看透了他那颗心，知道他是为了员工好。如果管理者不是真心为别人好，还特别严格，那就叫找碴儿，有可能员工根本就不理他那一套。

第六节
选对销售教练

| 训练原则 |

训练有三个原则，第一个原则叫僵化训练，第二个原则叫固化训练，第三个原则叫灵活化训练。

僵化训练，就是会背。到企业中去咨询，一般我们访谈销售人员，会说："请你介绍自己的公司，请你说下公司的品牌，请你说下对老板的印象。"很多人磕磕巴巴地说不清楚。连会背的东西都少，哪还有技巧？销售人员到客户面前，他哪段话越熟练，哪段话就会说得越多。他为什么到现在没有成交，就是因为他熟练的话没有用。

固化训练。背下来之后，还要学会正常说话，还要沟通。这就需要训练双向思维。到固化训练的时候，销售教练经常说别那么说话，要像正常人一样说话。很多人背得很熟练了，但是他不会说话了，很僵硬，像背课文一样跟客户沟通。

一定要先会背话术。你会发现小学、初中时候背得特别熟悉的课文、诗歌，现在还能脱口而出。我爸是民办学校的教师，我上学的时候，我爸就跟我说过，背下来才是你的，不背下来都是别人的。

会沟通，就是像个正常人一样说话。我作为讲师，讲课的时候还要演绎。演讲是演在前，讲在后。如何把一个深奥的道理通俗化、简单化、幽默化地演绎出来，让别人接受，其实是很考验功底的。为什么咨询老师往往讲课水平不高？因为他特别理性，不照顾听众的情绪，觉得你明不明白是次要的，反正他把自己的道理讲明白就行。

但是讲课水平高的人也不见得能成为咨询师。因为咨询师是需要很强的思考能力的。

灵活化训练，即要会变通。讲课水平低的人是什么样的？他们不管面对谁，不管现场发生什么突发事件，他们都用那一套应对。那肯定不行。有的时候你得往下扔一点东西，看大家接受在哪个层面上，然后再调整讲课思路。大家喜欢听的，你就多讲一点。但是变通的前提，就是你需要知识的累积，所以僵化训练和固化训练不能缺少。

在训练销售团队的过程中，千万不能一开始就是灵活化训练的导向。不管过去他在别的行业多么有经验，到你们这家公司来，原则上要以你们这家公司的沟通模板为主。为什么有很多特别有经验的人很难融入新的公司？第一，他还用原来那套方式干活儿；第二，他融入不了你们公司的文化。

┃ 训练销售人员的方法和步骤 ┃

相对应，训练销售人员的方法也有三种：第一叫训练文字语言，第二叫训练沟通语言，第三叫训练销售语言。

如果一个销售人员训练到可以三句话不离本行，说什么其实都是在销售，但客户感觉不到他在销售，水平就很高了。那到底要练到什么程度呢？文字语言要练到行云流水。

僵化训练的会背指文字语言，固化训练的会沟通指沟通语言，灵活化训练的会变通就是指销售语言。文字语言要做到行云流水，沟通语言要做到游刃有余，销售语言要做到收放自如（见图6-3）。

要训练文字语言，重点要做到一个标准：行云流水。

销售人员训练的时候是有步骤的，但与客户沟通不是按顺序来

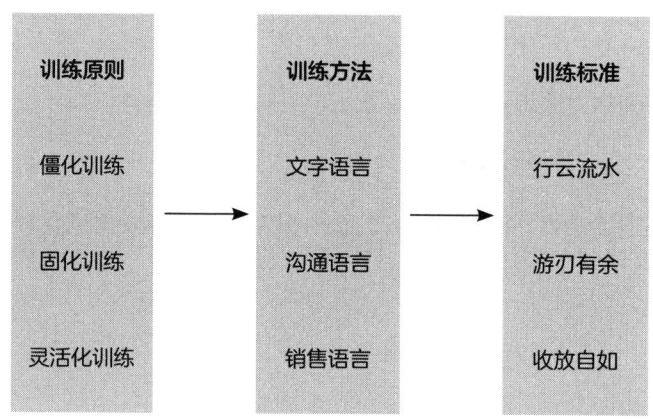

图6-3 训练原则、训练方法与训练标准

的。比如你们公司的销售流程分为五步，第一步干什么，第二步干什么，第三步干什么，第四步干什么，第五步干什么。在公司的时候练得都特别好，但客户不是按步骤来的，有的销售人员不会变通，就不知道怎么办了。等到客户从哪儿问，销售人员都能顺畅回答，就练成了。

这其实跟武术也挺像的（见图6-4）。

文字语言好比武术中的基本功，常见的有扎马步。平常要一招一式地练，练到动作行云流水，但是你没法上战场。

练沟通语言就不是扎马步了，是散打。散打是试探，试探你是怎么想的，但我不出手，你看不见我的重心。等我看清楚你之后，攒足浑身的力量用拳直接把你击倒。这叫游刃有余。

[真言真语]
销售语言的最高级别要做到收放自如，就像太极。

销售语言要做到收放自如，就像太极。

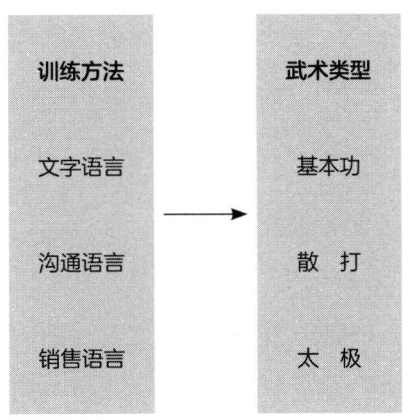

图6-4　训练方法与武术

看似没有任何目的性，而且温文尔雅，甚至你感觉他好像没有那么大的力量，但是他要把浑身的力量集中的时候，威力还是很大的。你一拳打过来，练过太极的人一点都不忙，他把你的招儿接下来，然后又借你的力量打你，就会把你弹出去。这就是收放自如。

| 训练销售人员的理念 |

训练销售人员要遵循两大理念。

第一，熟才能生巧。

销售人员在客户面前介绍产品，客户问了问题，结果销售人员不熟练，眼睛往上翻着想客户的问题，还怎么能有技巧？什么情况下沟通技巧才高？我们打个比方，假如人的大脑只有十根神经，销售人员在跟客户沟通的时候，最多用三四根神经，剩下的五六根神经都闲着，闲着的神经多，才有时间关注客户心理在发生什么变化，才能控制沟通，才能把主动权放在自己手里。如果把十根神经全都用在跟客户说话上了，哪有时间照顾客户的感受？

销售时如果说话都不用大脑了，才是高手说话。不用大脑还说得那么有道理，水平就很高。练熟了以后基本上就不用大脑了，已经形成语感。就像打篮球、打乒乓球也有球感一样，已经变成自身的本能反应，比赛的时候，很多关键时刻就靠这种本能反应。比如打乒乓球的马琳，他当时在奥运会比赛的时候，有一场比赛特别激烈，对方一个扣球，他蹲下接下这个球，还能再拉起来，平常没练过也没法练这动作。在那种情况之下，哪有时间想动作，本能就用了这个动作，就是靠的球感。

有的销售人员连基础的都没练过，马步都没扎就直接上战场了，肯定不行。

第二，量变才能产生质变。

永远记着，没有捷径，有量变才能有质变。那人唱歌唱得好，为什么？因为唱得多。量的累积才能有质的变化。篮球运动员投篮投得准，都是通过大量训练得来的，不苦练哪能投得准？

在累积量的时候往往伴随着痛苦，因为天天练同一个动作，太无趣、太苦了。但是别着急，有一天你用的时候，会发现这其中的价值。

第七节
服务价值设计

服务不能沦为产品有缺陷的补救措施，赢得一个客户是场战争，经营和服务好客户才叫事业。做企业不是看你眼前能跳多高，关键看你究竟想走多远。如果你想把自己的事业做得非常大、非常好，一般情况下你是不可能拿客户开玩笑的。公司为什么特别重视客户？是因为他不可能拿客户开玩笑，客户是他的衣食父母。员工的钱是谁给的，简单说，实际上是客户给的。客户不给钱的时候钱才是老板给的。甚至，只有销售能力和服务能力不够的时候才是老板给钱。

服务价值是如何分类的？比如说一家公司客服部应该设哪些岗位，不同的服务要创造什么样的价值呢？至少有以下几类。

| 交付类服务 |

什么是交付类服务？客户买完商品，并不代表交易结束，商家后续还有很多服务。有的产品付款是有周期的，前期付 40%，中期付 40%，剩下 20% 尾款在结束时候支付。这对公司的服务要求很高。这个过程中重点就是在考验服务水平。有很多公司合同签完了，尾款却收不回来，好多时候就是服务水平不够导致的。

也就是说，销售流程之外，还有交付流程。交付类服务呈现的价值，更多的是产品价值的延伸。很多公司销售人员跟客户之间沟通得不错，订单也下了，但最后技术人员在安装调试的过程中让客户特别不满意，阶段性结款没结回来，这就是服务体系设计得不好。

> **[真言真语]**
> 交付类服务是产品价值的延伸。

| 增值类服务 |

增值类服务价值又叫营销价值，我为什么给你提供这个增值的空间，实际上重点是给予你一些营销价值。大多数公司的客户服务部是举着服务的旗帜，核心还是为了卖产品。

一个卖黑板的销售人员跟校长说，他们公司研发出来的黑板和粉笔，用的时候没有粉尘污染。校长一听这挺好，所以就把全校的黑板都换了。换了黑板才发现用原来的粉笔写不上字了。买他们公司的黑板，还得买他们公司的粉笔。这属于增值类产品。

增值类产品和增值类服务不是一个意思。增值类服务更多解决的是营销价值，就像有很多公司最早的时候卖打印机，不是靠卖打印机挣钱的，主要是卖配件或者卖耗材的。公司卖铲车、叉车的，实际上卖整车挣不了多少钱，重点是卖配件。这都属于增值类服务。

如果要卖增值类产品，或者是要增值类价值产生营销价值的话，就得把服务做好。

｜ 品质类服务 ｜

我们早就听过一句话，客户是上帝。我其实特别想告诉你，不用把客户当上帝，先把客户当人。现在很多公司都不把客户当人，而是把客户当"鬼"研究，挖一个坑让客户跳进去，销售人员就站在坑上面看着。如果客户想上来，就要花钱。这样肯定不对。拿人心比自心，谁都不愿意在这种情况下花钱。

品质类服务是什么意思呢？就是你做了一些服务，但是毫无目的。你就是想为客户服务而毫无目的。你做一些毫无目的的服务，客户原来对你有的意见，慢慢都会没了。在我们咨询的过程中，只要稍微加点预算，增加一点毫无目的的服务，客户立马就会有所改变。因为现在的客户实实在在感受到客户服务的还不是特别多。大多公司都是举着服务大旗，干的还是卖产品的勾当。

品质类服务就是提供纯粹价值，干点纯粹为客户服务的事。

吃亏就是占便宜，多做一些纯粹性的服务，你们公司的品牌慢慢会擦亮。所有明白吃亏就是占便宜的人，一定是体验到了吃亏的好处！

另外，做品质服务的员工是不允许卖商品的，他的收入一定不能跟提成有关。越做毫无目的的服务的员工，客户越愿意找他买商品，因为发现他没目的。客户要找他买，不管对服务人员印象多好，服务人员必须跟客户说自己是没资格卖的，要买就转给专门的销售人员接单。这一点要从制度上设计出来，不管客户买多少都和服务人员无关。如果服务和钱有关，时间长了，服务就没那么纯粹了。慢慢地，服务人员跟客户说话会带有目的性，只要有目的性，客户就能感受到。

那做纯粹性服务的人，他的收入从哪儿来？最好是跟公司的整体销售体系挂钩，而不要跟某一个订单挂钩。公司考核的是他对客户品质服务的水平。

> **[真言真语]**
> 品质类服务价值就是纯粹价值，想为客户服务而毫无目的。

> **[真言真语]**
> 品质类服务人员不能售卖商品，收入不能跟提成有关。

> **[真言真语]**
> 品质类服务人员收入要和公司整体销售体系挂钩，不要跟某个订单挂钩。

| 钦差类服务 |

钦差类服务，这是我原创的词。钦差是代表公司去视察的，是去客户那里做督查的。

比如我们公司有很多咨询师，有一部分是专门讲课的，还有一部分是到企业做咨询项目的。讲课的老师，讲完之后，一般会发一个满意度调查表让学员填写。有的时候学员在老师面前不好意思说不满意，怎么办？钦差类服务就发挥作用了。对我们来说，学员其实也就是客户。

钦差类服务人员是归老板直接管的，如果不知道客户满不满意，老板就会让做钦差类服务的人员去客户那里进行调查，问一下，老师在服务过程中，客户有哪些满意的地方和不满意的地方。

一家公司只有听得见客户跟商家说的真话，才有未来。客户面对钦差的时候，一般会说实话的。而客户说的实话恰恰是公司未来要改进的方向。客户如果投诉你，那就说明他内心是希望你能更好。如果不希望你更好，他连投诉都不投诉，转头就跟别人说你们公司的产品和服务不好，这不是更糟吗？

从事钦差类服务的人，要具备很高的水平才行。他的沟通素养要比较高，要了解客户内心最真实的声音，回公司之后，汇报给老板，让老板进行决策。

真正决定公司战略方向、判断决策对错的关键看什么？看能不能听得见客户说的真话。钦差类服务更多的意义是战略价值。一家公司定的战略到底对不对，谁的声音最重要？客户的声音才是最重要的。生意的"意"字可以怎么理解呢？上面是声音的音，下面是"心"，也就是说，做生意的时候，要聆听客户心底的声音。

华为公司有一句话很有名：让听得见炮声和闻得见硝烟的人参与公司决策。所以公司做完决策之后，要跟市场一线挂钩，才能知道决策是否正确。

企业最大的危机是根据市场的伪信息做了决策。客户给销售人员的信息不准确，销售人员给经理的信息不准确，经理给总监的信息不准确，总监给销售副总的信息不准确，副总做了一个不准确的信息报表放到老板的办公桌上，老板通过这些不准确的信息，做了自认为正确的决策，简直太惨了。只有信息通畅才能够让决策通畅。只有了解客户的真实想法，才能做出真正适合市场的决策。

第八节
销售过程管理

好过程决定好结果。有了好的销售过程，自然就会有好的销售结果，如果过程没有做好，结果也不会好，因此需要动作分解过后的过程管理。如果动作分解不科学，过程管理也无从下手。

销售过程管理总共包含四项管理内容。

| 客户状态管理 |

一开始客户对我们的产品没什么感觉，销售人员按销售动作一步一步执行，最后成交。这个过程中，客户会呈现不同的状态。按离成交远近分不同的状态，你对销售未来的结果才能可预期，这就是客户状态管理。

状态管理也可以叫星级管理，就是把客户分成多少个星级：一星级，二星级，三星级，四星级，五星级，等等。客户星级越高，离成交越近，据此确定标准。做销售目标预期的时候，就可以问销售人员，三星级客户有多少，四星级客户有多少，问清楚之后，对结果就可预期了。

如何把感觉做成标准化，这是客户状态管理的核心。为什么？

如果没有把客户状态分类，销售人员拜访客户回来了，管理者只能问他谈得怎么样？他说还行。再问什么叫还行，他回答"挺好"。挺好是什么意思？"就是我们沟通得特别愉快，他最后开车送我回来的，请我吃饭了。"但是你能因为他请吃饭了就断定他一定会买产品吗？还行，挺好，都是感觉的用词，不是标准化的词。

如果有客户状态分类，销售人员只需要告诉管理者谈完之后客户是什么状态，管理者心里就有谱了。

｜ 销售行为管理 ｜

销售行为管理，就是指可以通过日行动、周计划、月目标管理销售人员。

管人一定要有时间概念，没有时间能叫管理吗？当然也分产品，因为有的工业品可能一年才能谈几单，那就没有办法变成月目标。但是至少得知道客户现在是什么状态，向那个目标前进。按照时间分类，我们一般比较倡导的是管日行动、管周计划、管月目标。

日行动一般都是什么？

实际上公司花钱就是买员工的时间。公司销售人员这个月没有业绩，公司是不是也有固定工资给他？公司给他这个工资，不就是买他一天工作八小时的时间？那么对一个管理者来说，最重要的是得知道销售人员八个小时之内在干什么。

只不过销售人员不好管，早晨到公司报道，然后说去见客户，结果回家睡觉了，这时就得用各种管理工具。用 CNM（集中式网络管理）、SPM（销售过程管理系统）都行。我们用了一年半的时间，研发出来销售过程管理软件，员工去哪里我们都清楚。

我们的软件都有定位系统，知道员工去了哪里。有人说那也太没自由了。也可以有自由，员工回来写工作日记的时候，写下午 1 点到 4 点，私事，我们就不会问他去哪里了。因为谁都不可能天天在工作，可以有私事，但是员工也不能天天都在上班时间干私事。

[真言真语]
好的制度和工具，可以让坏人没有机会犯错误。

好的制度和工具，可以让坏人没有机会犯错误，时间长了坏人也能变成好人！不好的制度和工具，可能有机会让好人犯错误，时间长了好人也会变成坏人。管理的科学性在于让有才华的人没有犯错误的机会。

自动自发永远都是理想状态。你可以向这个方向倡导文化，倡导价值观，但管理必须科学，管理最后就是数字。没有数字哪有标准？考验管理水平，最终也是体现在数字方面。把感觉上的行为量化，这是核心。

其实，用工具的时间长了之后，员工自己就知道工具的好处了。一家公司用管理工具，不能让员工觉得公司是用这个工具管他，一定得让员工体会到有这个工具之后工作更方便了。如果他觉得自己是被管的对象，他就会对工具排斥。所以，用工具之前，要进行导入，跟大家说清楚，什么是公司的事情，什么是员工的事情，员工和公司之间是什么关系。要创造价值就跟公司进行交换，不愿意被管就早点离职。

用任何一个管理工具，其实不是在管某个人，而是在改变公司的管理惯性。要想改变管理惯性，不要先改行为，重点是先管思想。只有人自发愿意使用，工具才有效果。为什么有很多公司用了 ERP（企业资源计划）系统，领导自己觉得挺好，但是由于管理水平比较弱，本来是提高管理效率的，结果效率反而下降了？思想障碍没有扫清。很多人不缺乏执行力，缺乏执行意愿，关键看他们愿不愿意干，只要愿意干，谁都是高手。

｜ 执行互动管理 ｜

比如我现在是管理者，你是市场一线销售人员，我比你有经验，你去拜访某位客户。我其实知道你应该用怎么样的方式最有效，但是公司没有这样的机制让我告诉你经验，换句话说，执行者没有跟管理者之间产生互动。通俗一点说，我当年犯的错误你就别再犯了。我都犯过错了，我得提前告诉你，凭我的经验，去拜访那位客户的时候可能会出现这两个问题，你一定要准备好。这种互动本身就是对行为和执行效率的提高，实际上是团队智慧最大化。执行互动管理的核心就是要让团队智慧最大化，取众家之长补己之短。

所以在工具系统当中也要有这样的空间，我为他人，他人才会为我，当别人有问题的时候，我提供给他建议，将来我有问题的时候，别人也会支持我。

而执行互动更多是执行者和管理者之间的互动，要加强。如果没有执行互动管理的话，比如今天要请客户吃饭，吃饭钱报不报销，要请示一下，这时候执行者才想起互动，这就是被逼的互动，这不行，应该产生技术上的互动，让团队智慧最大化。

｜ 成长能力管理 ｜

销售战线的人，一定要做好成长能力管理，就是团队一定要经常开总结会。不怕今天干得不好，怕的是今天干得不好，明天继续这么干。一家公司最大的力量来自改善。管理最精髓的就是改善，今天我干得不好，明天比今天好一点，后天比明天好一点，下周比这周好一点，下个月比这个月好一点，这公司就非常可靠了。什么样的公司不行？始终循环犯错的公司。

如果没有这样的管理，每天进步一点点只能停留在感觉层面上。比如，今天我体会特别深，感受很大。这样没用，你得做记录。人的成长是需要记录的。有什么事自己就要记录一下，如果你不记录，你会有这种体会：三周前有一个客户跟你谈的时候，你当时说得特别好，体会特别深，谈出来之后也感觉挺好，但是没记下来，过三周忘了，这就完了。你只有在当时那一刹那把它记下来，没事翻一翻，才能把它融进自己血液，让它成为自身的一部分，你才会真正发生改变。世界上再大的力量也熬不过总结和反省的力量，总结和反省其实就是改善。

人记录的过程，恰恰是理性分析的过程。人只有经过分析才会真正成长。管理就是这样，要给他一个空间进行总结。我允许你没有业绩，但是我不允许你这周和上周一样，不允许你不进步，这就是公司文化。

第九节
创新销售机制

把一件事怎么做好是有科学方法的，但是把钱怎么分好是没科学方法的，只有适不适合。

种一棵苹果树，怎么能够种好，长出更多的苹果，这是有科学方法的，但苹果长满了树之后怎么分苹果，这是没科学方法的。只有一种科学方法：提前说好。如果不提前说好，最后苹果不好分。谁都觉得自己对苹果树贡献最大。

比如，四个人合作种苹果树。第一个人说：我觉得我贡献大，因为树苗是我找的，如果不找苹果树树苗，压根就没有苹果树。第二个人说：坑是我挖的，我不挖好坑，树苗早死了！而且你找的树苗对挖坑要求特别高，挖深挖浅都不行。第三个人说：你们找树苗找一次就行，挖坑也是挖一次，但是天天看着这棵树的是我，我天天浇水，没有我，这树就倒霉了。第四个人说：长出小苹果的时候，生虫子了，如果我当时不喷上药，苹果就烂了。

每个人都强调自己的价值，最后只有一个办法，把树砍了。

这其实符合很多人的思考习惯。五个人喝了一瓶一斤的白酒，如果一开始没有分好，比如每人喝二两，喝完之后，问他们觉得自己喝了多少，会发现五个人报的数加起来比两瓶还多。

但提前说清楚就比较好，大家会认账。

第十节
梦想文化导入

企业说到底就是老板想办法实现员工在企业想要的，老板顺便实现自己想要的。关键是"顺便"。

这句话是有先后的，老板得先清楚员工在公司里要什么，来公司之前说清楚自己的梦想，想在公司得到什么，然后老板把员工要的实现了，老板的梦想也自然就实现了。

老板先说好整个公司未来的规划，然后问员工要什么，把员工所有要的都写上，这叫梦想档案。然后要告诉员工，他给公司员工设计了多少条职业路径，比如销售的路径、研发的路径、生产的路径……让员工能够看得见内心的希望。员工在企业中有两大痛苦，第一个痛苦叫工作没有方向，第二个痛苦是人生没有希望。现在他既有方向又有希望，肯定会干劲满满。

员工的梦想全部列完之后，管理者要实现员工想要的。只要能支持员工实现他想要的，管理者的工作就合格了。如果员工想要的没实现，管理者就是工作没做到位。管理者工作没做到位怎么办？跟员工一起分析他想要的。把大梦想变成小梦想，把小梦想再分解，然后分解到他每个月、每个周的梦想，用梦想驱动他的行为。

每一个员工在一家公司都是为了梦想而奋斗的。管理者见员工的时候要经常问一件事：你还是那个梦想吗？梦想可以调整，但你调整了得告诉我。

梦想驱动一般都来自于什么？就是说，你实现梦想到底是为了谁？即梦想驱动名单都有谁？通俗来讲，比如你今年必须挣多少钱，挣这些钱干什么？要给妈妈。

管理者要经常问员工还是不是原来的梦想，会让员工慢慢约束自己的行为。人和人之间也会非常和谐，不是我来管理你，我跟你沟通的目的是我要支持你，跟你共同实现你的梦想，这是我的职责，然后我的梦想由谁实现？我的上级管理者。公司一层一层都是这样的。

制度是提醒你实现梦想的闹钟，而不是管理你的工具。大多数人都觉得是"我把你管好，实现我想要的"，这就错了。老板必须记住这句话：想尽一切办法实现了企业所有人想要的，你想要的顺便就实现了。